서울대 한국어

Student's Book 1B

서울대학교 언어교육원

서울대 한국어 1B Student's Book

지은이 서울대학교 언어교육원
편집인 박형만, 공제학, 송솔내
펴낸곳 (주)투판즈
서울시 강남구 논현로 303
Tel (02)2140-2500
Fax (02)2140-2599
www.twoponds.co.kr
등록 1980년 10월 7일 제2004-000086호
디자인 디자인마루 / 새담디앤피
초판 1쇄 2013년 3월 1일
57쇄 2026년 2월 1일

ISBN 978-89-539-4945-4

Written by Language Education Institute, Seoul National University
Published by TWOPONDS Co., Ltd.
Designed by Designmaru / SAEDAM D&P

머리말 Preface

〈서울대 한국어 1B Student's Book〉은 한국어 성인 학습자를 위한 정규 과정용(약 200시간) 한국어 교재 시리즈 중 첫 번째 책이다. 이 책은 한국어에 대한 지식이 전혀 없는 성인 학습자들이 매우 친숙한 일상적 주제와 기능에 대한 언어 구성 능력과 사용 능력을 익혀서, 기초적인 한국어 의사소통 능력을 기르도록 하는 데 목적이 있다. 본 책은 다음과 같은 특징을 가지고 있다.

첫째, 말하기 의사소통 능력 신장에 중점을 두되 구어 학습과 문어 학습이 초급 단계에서부터 긴밀하게 연계되도록 구성하였다. 이를 위해 어휘와 문법의 연습, 대화문 연습, 담화 구성 연습으로 이어지는 단계적 말하기 학습을 도입하여 언어 지식의 학습이 언어 사용 능력 습득으로 자연스럽게 전이되도록 하였다. 또한 듣고 말하기, 읽고 쓰기 연습을 통해 구어와 문어의 통합적 학습이 이루어지게 하였다.

둘째, 실제적인 과제를 수행하는 과정에서 학습한 언어 지식을 충분히 활용하고 학습자 간 유의미한 상호작용이 활발하게 이루어지도록 구성하였다. 다양한 유형의 과제를 제시하고 필요한 경우 활동지를 별도로 제공하였다. 또한 원활한 과제 수행이 이루어질 수 있도록 교사용 과제 도움말을 멀티미디어 학습 자료에 제공하였다.

셋째, 어휘 및 문법, 발음 학습이 체계적으로 이루어지도록 구성하였다. 어휘는 각 과의 주제와 연계하여 의미장을 중심으로 제시함으로써 효율적인 어휘 학습이 가능하게 하였다. 또한 문법 항목의 의미와 용법에 대한 핵심적인 기술을 예문과 함께 제시함으로써 종래 한국어 교재에 부족했던 문법 기술 부분을 보강하고자 하였다. 이를 위해 문법 해설을 부록에 별도로 제공하여 목표 문법에 대한 학습자의 이해를 도울 수 있게 하였다. 발음은 해당 과와 관련된 개별음의 발음, 음운 규칙, 억양 등을 연습하여 발음의 정확성 및 유창성을 익히도록 하였다.

넷째, 문화 영역 학습이 수업에서 원활하게 이루어질 수 있도록 구성하였다. 이를 위해 그림, 사진 등의 시각 자료를 활용하거나 학습자의 숙달도가 고려된 간략한 설명으로 한국 문화 정보를 제시하였다. 또한 문화 상호주의적 관점에서 학습자 간 문화에 대해서 공유하는 기회를 가지도록 하였으며, 한국 문화에 대한 심화된 이해를 돕기 위해 부록에 문화 해설을 별도로 제시하였다.

다섯째, 멀티미디어 학습 자료를 함께 제공하여 수업용으로뿐만 아니라 자율 학습용으로도 사용하도록 하였다. 멀티미디어 학습 자료에는 어휘 및 문법의 간단한 연습, 말하기 연습, 읽기 텍스트 및 듣기 지문, 어휘 및 문법 목록, 오디오 파일, 수업용 보조 자료 등이 제공되어 예습과 복습에 효과적으로 이용할 수 있게 하였다.

여섯째, 영어 번역을 병기하여 영어권 학습자의 빠른 의미 이해가 가능하도록 하였다. 말하기 1 · 2 대화문, 문법 해설, 문화 해설 등에 번역을 함께 제공하였으며 각종 지시문, 새 단어 등에도 번역을 병기하였다.

일곱째, 사진, 삽화 등의 시각 자료를 풍부하게 제공하여 실제적이고 흥미 있는 학습이 가능하도록 하였다. 내용을 이해하는 데 도움이 되는 시각 자료를 통해 의미와 상황을 정확하게 전달하고 학습자의 흥미를 유발함으로써 학습 효과를 높이고자 하였다.

이 책이 완성되기까지 많은 분들의 노력과 수고가 있었다. 무엇보다도 오랜 기간에 걸쳐 집필 및 출판 과정에 참여한 교재개발위원회 선생님들의 헌신으로 책이 만들어질 수 있었다. 또한 2012년 가을학기에 직접 수업에서 사용하면서 꼼꼼하게 수정해 주신 김정화, 김현진, 김수영, 이소영, 이창용, 이현의, 김정은, 박광희, 이수정, 이희진, 최지영 선생님, 정확한 발음으로 녹음을 해 주신 성우 임채헌, 우현주 선생님의 노고에 감사를 드린다. 아울러 책이 출판되기까지 오랜 기간 동안 작업을 도와주신 투판즈의 사장님과 도현정 부장님, 박형만 편집팀장님, 공제학 과장님, 송솔내 대리님을 비롯한 편집진 여러분께도 고마운 마음을 전한다.

2013. 3.
서울대학교 언어교육원
원장 **정 상 준**

Preface 머리말

<Seoul National University Korean Language 1B Student's Book> is the first volume in the multi-level series developed to be used in a regular program (about 200 hours of class work) for adult learners of the Korean language. The primary goal of this book is to help novice learners of Korean language so that they may build basic communicative competence by developing their ability to construct language about topics of interest and apply language in real life situations. The key features of this book follow.

This textbook is carefully coordinated to link spoken language and written language while focusing on the development of communicative language skills. It utilizes a step-by-step approach consisting of vocabulary and grammar practice, controlled conversation practice, and open-ended interaction. Through this approach, knowledge about language transfers to real language use. In addition, 'Listening and Speaking' and 'Reading and Writing' sections integrate spoken language and written language learning.

A task-based approach maximizes the use of linguistic knowledge and encourages meaningful interaction between learners. Various types of tasks are introduced and activity sheets are provided as needed. The multimedia content offers detailed direction to assist instructors in managing class activities.

A systematic approach to learning vocabulary, grammar and pronunciation is adopted. Carefully selected vocabulary relating to the topic of each unit is meaningfully presented to learners increasing efficacy. In-depth descriptions with example sentences explain the meaning and usage of grammatical items and reinforce grammar concepts. The Grammar Extension presented at the back of the book as appendix aids learners' comprehension of target grammar. The Pronunciation section also promotes accuracy and fluency with lessons for individual sounds, phonological rules, and intonation.

This textbook is designed to actively integrate culture with classroom instruction. Cultural information is delivered by visual aids such as pictures and photograph, and level tailored concise explanations. This book also provides learners with opportunities for meaningful language production by sharing their own experiences interculturally. The appendix further extends the understanding of Korean culture.

The text includes the multimedia content that can be used in the classroom as well as independently, as an effective tool for previewing and reviewing. It contains simple exercises for vocabulary and grammar, speaking practices, reading texts, transcripts, vocabulary and grammar lists, audio files, and supplementary materials for classroom use.

Korean and English translations help English-speaking learners understand quickly. English translation is offered for Speaking 1, 2 dialogues, Grammar Extension, Culture Extension, exercise instructions, and new vocabulary.

Abundant visual aids such as photographs and illustrations make learning more realistic and enjoyable. Visual aids clearly enhance learning efficacy and increase learners' interest by delivering information on situations and meanings.

We wish to express our sincere gratitude to all who contributed to this project. We would particularly like to thank all instructors from the textbook development committee. Without their dedication and effort this text book would not have been possible. Also, we would like to thank the following instructors for their help in piloting materials and making suggestions during the Autumn session 2012: Kim Chunghwa, Kim Hyunjean, Kim Sooyoung, Lee Soyoung, Yi Changyong, Lee Hyuneui, Kim Jungeun, Park Kwanghee, Lee Sujeong, Lee Heejin, Choi Jiyoung. In addition, we would like to thank Lim Chaeheon and Woo Hyunju for their audio recordings. Finally, we would like to extend our gratitude to the CEO of TWOPONDS, Director Do Hyunjeong, Editorial Manager Park Hyungman, Mr. Kong Jehak, Ms. Song Solnae and all other editorial staff members for their generous support in having this volume published.

March 2013

Jeong Sangjun
Executive Director
Language Education Institute, Seoul National University

일러두기 How to use this book

서울대 한국어 1B Student's Book은 9 ~ 16과로 구성되어 있다. 각 과는 '어휘', '문법과 표현 1 · 2', '말하기 1 · 2', '듣고 말하기', '읽고 쓰기', '과제', '문화 산책', '발음', '자기 평가'로 이루어져 있으며 한 과는 8시간용으로 구성되어 있다. 세부 내용은 다음과 같다.

The Seoul National University Korean 1B Student's Book is comprised of 8 units. Each unit spans 8 hours of instruction divided into sections entitled and emphasizing: Vocabulary, Grammar and Expression 1 and 2, Speaking 1 and 2, Listening and Speaking, Reading and Writing, Task, Culture Note, Pronunciation, and Self-Check. A detailed explanation follows.

과의 주제와 관련된 상황을 사진으로 제시하여 학습 내용을 추측할 수 있도록 한다.

Photographs illustrating the unit topics allow students to visually orient themselves toward the learning content.

학습 목표 Learning Goals

영역별 학습 목표와 내용을 제시한다.
Learning Goals present the content and objectives of each unit by section.

일러두기 How to use this book

• 어휘 Vocabulary

주제 어휘를 범주별로 모아 의미를 유추할 수 있는 그림과 함께 제시한다.

The Vocabulary section introduces key lexical items by category accompanied by analogic pictures.

• 문법과 표현 Grammar and Expression

예시 대화, 예문, 유의미한 연습으로 구성된다.

The Grammar and Expression section offers key dialogues, example sentences, and meaningful exercises.

예시 대화

목표 문법이 사용되는 전형적인 대화를 삽화와 함께 제시한다.

Target grammar is presented with model dialogues accompanied by illustrations.

예문

목표 문법의 의미를 이해하고 형태 변화를 알 수 있도록 예문을 제시한다.

Example sentences model the meanings and form changes of target grammar items.

연습1

워크북의 통제 연습 이후 유의미한 연습을 통해 문법 사용 능력으로 연계되도록 한다.

Exercise 1 offers relevant exercises connected to controlled practice provided in the workbook, and develops students' ability to correctly use the target grammar.

말하기 1 Speaking 1

track 55

켈 리 아키라 씨, 저 사람은 누구예요?
아키라 누구요?
켈 리 저기 키가 큰 남자요. 청바지를 입었어요.
아키라 아, 저 사람은 유스케 씨예요. 우리 회사에 다녀요.
켈 리 유스케 씨는 어떤 사람이에요?
아키라 아주 재미있는 사람이에요.
켈 리 그래요? 저는 재미있는 사람을 좋아해요. 소개 좀 해 주세요.
아키라 음, 그럼 지금 같이 가서 인사할까요?
켈 리 네, 좋아요.

재미있는 [재미인는]

연습1 친구와 연습해 보세요.
Practice with your partner.

1) 키가 크다 / 남자	2) 체격이 좋다 / 남자	3) 귀엽다 / 여자	4) 머리가 길다 / 여자
청바지	양복	원피스	미니스커트
유스케 씨	지훈 씨	미나 씨	소민 씨
재미있다	친절하다	마음이 따뜻하다	똑똑하다

키 height 청바지 blue jeans 체격이 좋다 well built 마음 heart 미니스커트 miniskirt

136

• 말하기 Speaking

대화문, 교체 연습, 담화 연습으로 구성된다.

The Speaking section presents example dialogues, substitution dialogues, and discourse extension practice.

대화문

주제 어휘와 목표 문법을 포함한 대화문으로 의사소통 기능을 학습하도록 한다.

Dialogues include key vocabulary items and target grammar to build communicative skill.

연습1

어휘와 표현을 교체하면서 대화문을 익히는 연습을 하도록 한다.

Exercise 1 presents opportunity to practice new dialogues through the substitution of vocabulary and expressions.

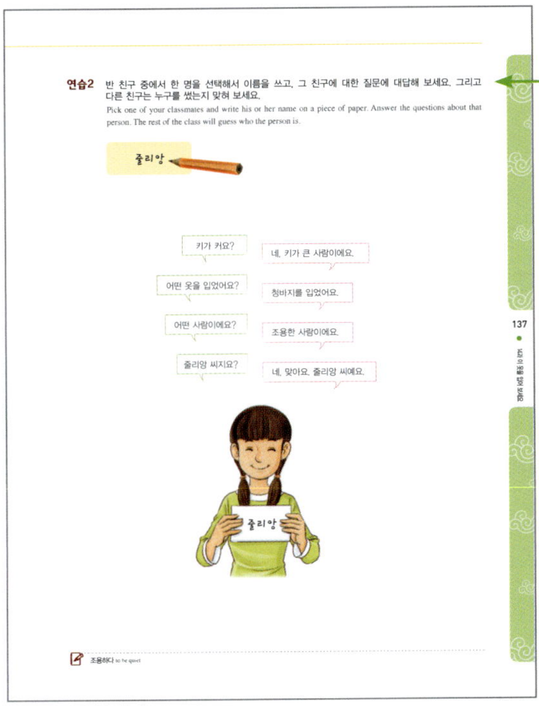

연습2 반 친구 중에서 한 명을 선택해서 이름을 쓰고, 그 친구에 대한 질문에 대답해 보세요. 그리고 다른 친구는 누구를 썼는지 맞혀 보세요.
Pick one of your classmates and write his or her name on a piece of paper. Answer the questions about that person. The rest of the class will guess who the person is.

137

연습2

대화문을 바탕으로 하여 구어 담화를 구성하는 연습을 하도록 한다.

Exercise 2 presents opportunity to create a new original dialogues based on the model dialogues.

일러두기 How to use this book

듣고 말하기 Listening and Speaking

준비 국가 번호를 알아요?
Do you know about country codes? How many country codes do you know?

82 1 81 86 61 44 1 84 66 976

듣기 1 잘 듣고 써 보세요. track 39
Listen carefully and write the phone numbers.

Phone Note

1) 켈리
2) 서울대학교
3) 헬로우 피자
4) 미유키 집

98 서울대 한국어

준비 한국어로 문자를 보내요? 선생님께 문자를 보내 보세요.
Do you send a text message in Korean? Send a text message to your teacher.

선생님, 우리 반 친구들하고 같이 커피 마실까요?

선생님, 생일 축하합니다.

듣기 2 잘 듣고 맞는 것을 고르세요. track 40
Listen carefully and choose the correct answer.

1) 마리코는 왜 파티에 못 가요?

① ② ③

2) 맞는 것을 고르세요.

① 마리코는 생일 파티 문자를 보냈어요.
② 목요일에 줄리앙의 생일 파티가 있어요.
③ 켈리와 사오밍도 생일 파티에 갈 거예요.

• 듣고 말하기 Listening and Speaking

'준비', '듣기 1 · 2', '말하기'로 구성된다.

The Listening and Speaking section offers Preparation, Listening 1, 2, and Speaking activities.

준비

듣기 전 단계로, 내용을 예측할 수 있는 질문, 어휘나 표현 등을 점검할 수 있는 삽화나 사진을 제시한다.

The Preparation section offers a pre-listening that previews the content of the listening passage providing schema activation, and utilizes illustrations or photographs to supplement vocabulary and expressions.

듣기

듣기 단계로, 들은 내용에 대한 확인 문제를 제시한다.

The Listening section presents a task with a comprehension check.

말하기 내일 학교에 갈 수 없습니다. 선생님께 전화해 보세요.
You can't go to school tomorrow. Call your teacher.

99 12과 여보세요

말하기

들은 후 단계로, 듣기의 주제 및 기능과 연계된 담화를 구성하도록 한다.

The Speaking section offers a follow-up task through which to construct conversations related to the theme and function of the listening task.

• 읽고 쓰기 Reading and Writing

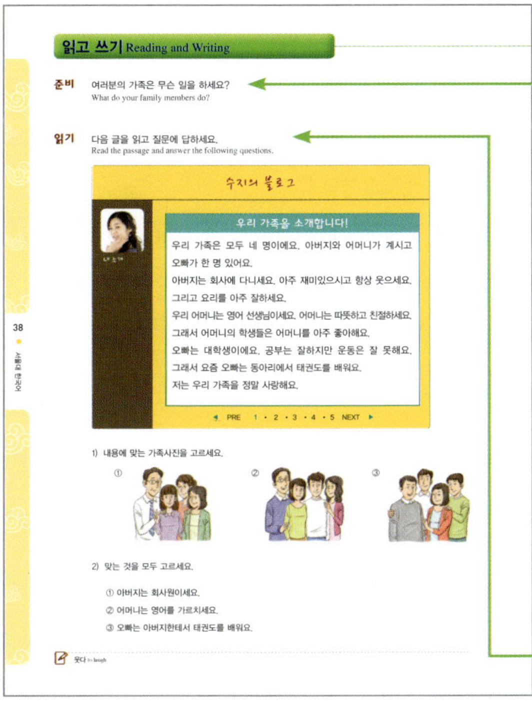

읽고 쓰기 Reading and Writing

준비 여러분의 가족은 무슨 일을 하세요?
What do your family members do?

읽기 다음 글을 읽고 질문에 답하세요.
Read the passage and answer the following questions.

수지의 블로그

우리 가족을 소개합니다!

우리 가족은 모두 네 명이에요. 아버지와 어머니가 계시고 오빠가 한 명 있어요.
아버지는 회사에 다니세요. 아주 재미있으시고 항상 웃으세요.
그리고 요리를 아주 잘하세요.
우리 어머니는 영어 선생님이세요. 어머니는 따뜻하고 친절하세요.
그래서 어머니의 학생들은 어머니를 아주 좋아해요.
오빠는 대학생이에요. 공부는 잘하지만 운동은 잘 못해요.
그래서 요즘 오빠는 동아리에서 태권도를 배워요.
저는 우리 가족을 정말 사랑해요.

PRE 1 · 2 · 3 · 4 · 5 NEXT

1) 내용에 맞는 가족사진을 고르세요.
① ② ③

2) 맞는 것을 모두 고르세요.
① 아버지는 회사원이세요.
② 어머니는 영어를 가르치세요.
③ 오빠는 아버지한테서 태권도를 배워요.

웃다 to laugh

38 서울대 한국어

'준비', '읽기', '쓰기'로 구성된다.

The Reading and Writing section provides Preparation, Reading, and Writing task.

준비

읽기 전 단계로, 읽을 내용을 예측할 수 있는 질문, 어휘나 표현 등을 점검할 수 있는 삽화나 사진 등을 제시한다.

The Preparation section offers a pre-reading that previews the content of the reading passage providing schema activation, and utilizes illustrations or photographs to supplement vocabulary and expressions.

읽기

읽기 단계로, 학습자의 수준에 맞는 실제적이고 다양한 종류의 글을 읽은 내용에 대한 확인 문제와 함께 제시한다.

The Reading section presents practical and learner-level matched texts with a comprehension check.

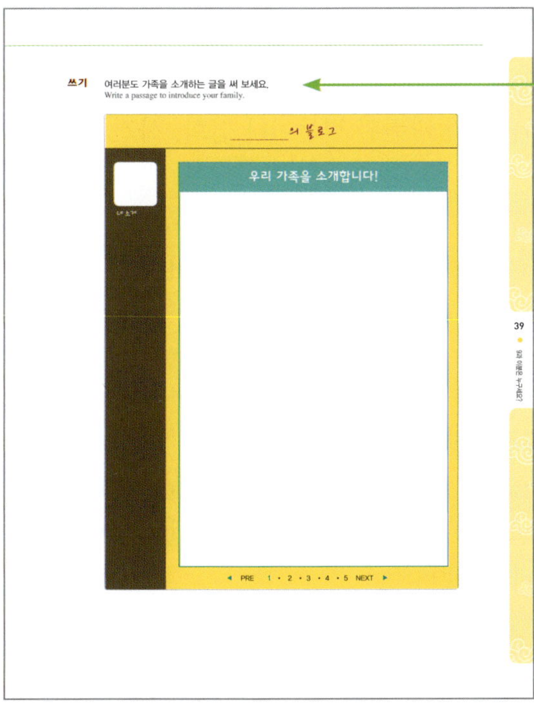

쓰기 여러분도 가족을 소개하는 글을 써 보세요.
Write a passage to introduce your family.

_____의 블로그

우리 가족을 소개합니다!

PRE 1 · 2 · 3 · 4 · 5 NEXT

39

쓰기

쓰기와 통합한 읽은 후 단계로, 읽기 텍스트와 유사한 종류의 글쓰기 활동이 이루어지도록 한다.

The Writing section, as a follow-up task, uses the reading text as a model for writing to produce a similar text.

일러두기 How to use this book

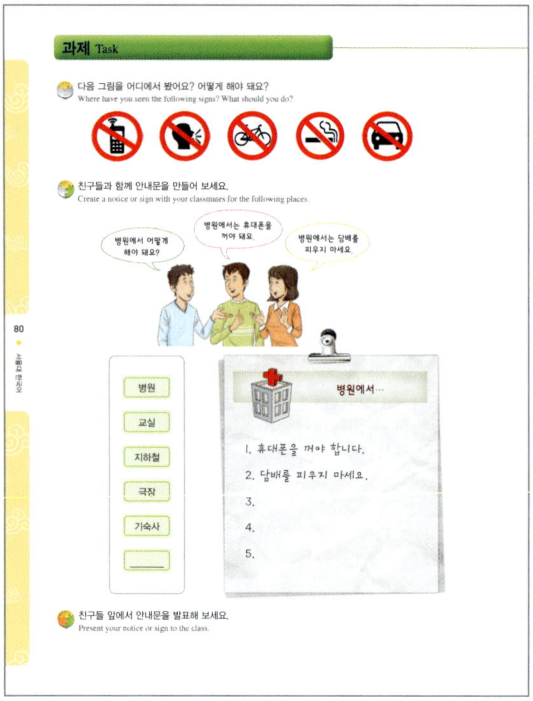

과제 Task

다음 그림을 어디에서 봤어요? 어떻게 해야 돼요?
Where have you seen the following signs? What should you do?

친구들과 함께 안내문을 만들어 보세요.
Create a notice or sign with your classmates for the following places.

친구들 앞에서 안내문을 발표해 보세요.
Present your notice or sign to the class.

80 서울대 한국어

• 과제 Task

3~4 단계에 걸친 단계적 활동으로 구성된다. 과제 수행 중의 상호작용을 통해 어휘와 문법을 활성화하고 언어 사용의 유창성을 높이도록 한다.

The Task section is composed of 3 or 4 step-by-step activities, providing opportunity to communicate using vocabulary and grammar learned in the unit, and helps build fluency.

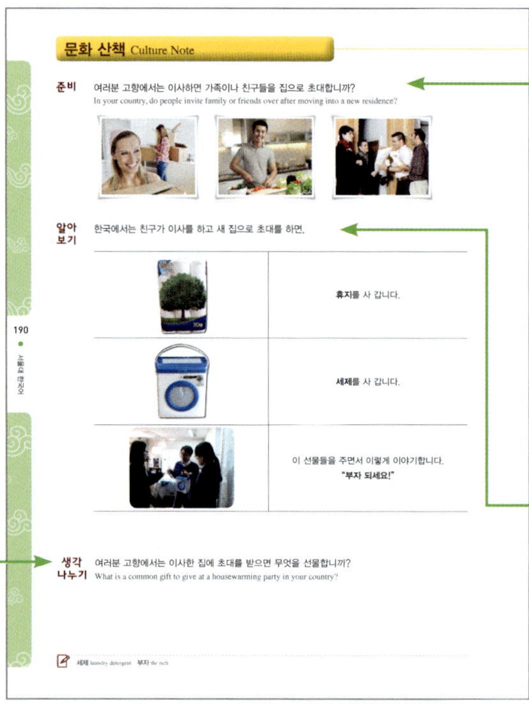

문화 산책 Culture Note

준비 여러분 고향에서는 이사하면 가족이나 친구들을 집으로 초대합니까?
In your country, do people invite family or friends over after moving into a new residence?

알아보기 한국에서는 친구가 이사를 하고 새 집으로 초대를 하면,

	휴지를 사 갑니다.
	세제를 사 갑니다.
	이 선물들을 주면서 이렇게 이야기합니다. "부자 되세요!"

생각 나누기 여러분 고향에서는 이사한 집에 초대를 받으면 무엇을 선물합니까?
What is a common gift to give at a housewarming party in your country?

세제 laundry detergent 부자 the rich

190 서울대 한국어

• 문화 산책 Culture Note

'준비', '알아보기', '생각 나누기'로 구성된다.

The Culture Note section offers Preparation, Presentation, and Idea Sharing.

준비

문화 항목의 내용과 관련된 질문이나 삽화, 사진 등을 제시한다.

The Preparation section presents questions, illustration or photographs related to cultural content.

알아보기

과의 주제와 관련 있는 한국 문화 내용을 그림, 간단한 설명 등으로 제시한다.

The Presentation section presents Korean cultural content related to the topic of the unit, illustrated, and with a short note.

생각 나누기

한국 문화와 학습자 모국의 문화를 문화 상호주의적 관점에서 비교해 보도록 한다.

The Idea Sharing section provides opportunity to make intercultural comparisons of Korean culture.

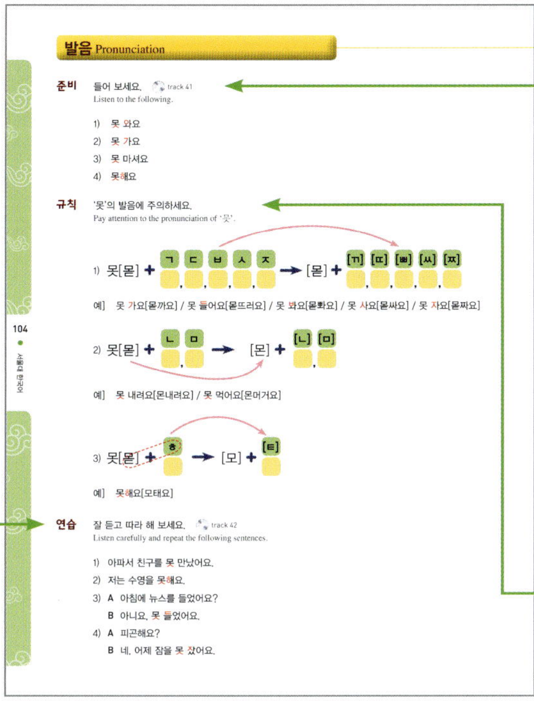

발음 Pronunciation

준비 들어 보세요. track 41
Listen to the following.

1) 못 와요
2) 못 가요
3) 못 마셔요
4) 못해요

규칙 '못'의 발음에 주의하세요.
Pay attention to the pronunciation of '못'.

1) 못[몯] + ㄱ, ㄷ, ㅂ, ㅅ, ㅈ → [몯] + [ㄲ], [ㄸ], [ㅃ], [ㅆ], [ㅉ]

예] 못 가요[몯까요] / 못 들어요[몯뜨러요] / 못 봐요[몯뽜요] / 못 사요[몯싸요] / 못 자요[몯짜요]

2) 못[몯] + ㄴ, ㅁ → [몬] + [ㄴ], [ㅁ]

예] 못 내려요[몬내려요] / 못 먹어요[몬머거요]

3) 못[몯] + ㅎ → [모] + [ㅌ]

예] 못해요[모태요]

연습 잘 듣고 따라 해 보세요. track 42
Listen carefully and repeat the following sentences.

1) 아파서 친구를 못 만났어요.
2) 저는 수영을 못해요.
3) A 아침에 뉴스를 들었어요?
B 아니요, 못 들었어요.
4) A 피곤해요?
B 네, 어제 잠을 못 잤어요.

104 서울대 한국어

• 발음 Pronunciation

'준비', '규칙', '연습'으로 구성된다. 과의 어휘나 문법과 관련 있는 음운 현상을 연습하도록 한다.

The Pronunciation section offers a Warm-up, Rule Presentation, and Practice of the phonological rules related to specific vocabulary and grammar forms taught in each unit.

준비

목표 발음이 포함된 어구나 문장을 들어 보고 학습할 내용을 인지하도록 한다.

The Preparation section presents opportunity to listen to phrases or sentences that include target pronunciation.

규칙

발음 규칙을 도식화하여 제공한다.

The Rules section presents pronunciation rules clearly and diagrammatically.

연습

규칙을 내재화하기 위해 듣고 따라하는 연습을 하도록 한다.

The Practice section offers opportunity to listen and repeat sentences to internalize pronunciation rules.

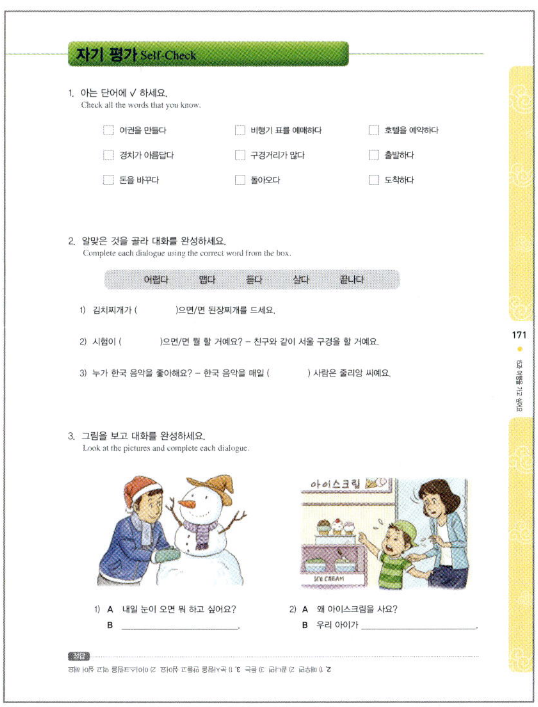

자기 평가 Self-Check

1. 아는 단어에 √ 하세요.
Check all the words that you know.

□ 여권을 만들다	□ 비행기 표를 예매하다	□ 호텔을 예약하다
□ 경치가 아름답다	□ 구경거리가 많다	□ 출발하다
□ 돈을 바꾸다	□ 돌아오다	□ 도착하다

2. 알맞은 것을 골라 대화를 완성하세요.
Complete each dialogue using the correct word from the box.

어렵다 맵다 듣다 살다 끝나다

1) 김치찌개가 (　　　)으면/면 된장찌개를 드세요.
2) 시험이 (　　　)으면/면 뭘 할 거예요? – 친구와 같이 서울 구경을 할 거예요.
3) 누가 한국 음악을 좋아해요? – 한국 음악을 매일 (　　　) 사람은 줄리앙 씨예요.

3. 그림을 보고 대화를 완성하세요.
Look at the pictures and complete each dialogue.

아이스크림
ICE CREAM

1) A 내일 눈이 오면 뭐 하고 싶어요?
B ______________.

2) A 왜 아이스크림을 사요?
B 우리 아이가 ______________.

정답

171 15과 여행을 가고 싶어요

• 자기 평가 Self-Check

어휘와 문법을 중심으로 학습자 스스로 학습 정도를 점검하도록 한다.

The Self-Check section ends each unit with a review of grammar and vocabulary.

일러두기 How to use this book

• 부록 Appendix

'활동지', '문법 해설', '문화 해설', '듣기 지문', '모범 답안', '어휘 색인'으로 구성된다.

The Appendix includes Activity Sheets, Grammar Extension, Culture Extension, Listening Scripts, Answer Key, and Glossary.

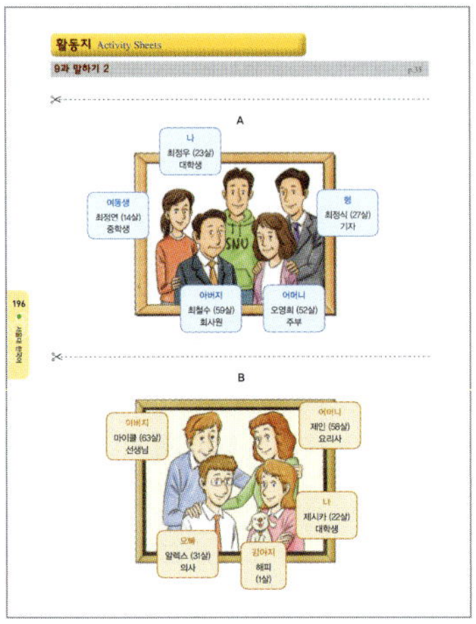

활동지

연습이나 과제 활동 등에 필요한 활동지를 제공한다.

Activity Sheets for exercises or tasks are provided.

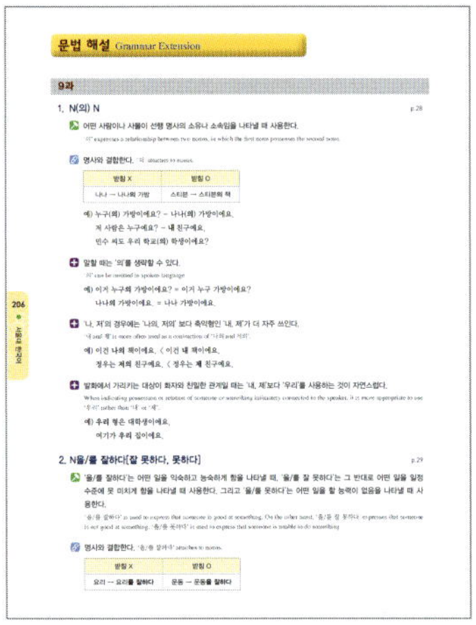

문법 해설

'문법과 표현'에서 학습한 문법에 대한 해설을 제공한다. 의미 정보, 결합 정보, 형태 교체를 보여 주는 예문 및 사용상 유의점을 정리하여 학습자의 문법에 대한 이해를 돕고 오류 생성을 줄일 수 있도록 한다.

The Grammar Extension section provides in-depth descriptions of grammar learned from the 'Grammar and Expression' section in each unit, promoting grammar comprehension and reducing errors by providing information on meanings and conjugations with example sentences and grammar notes.

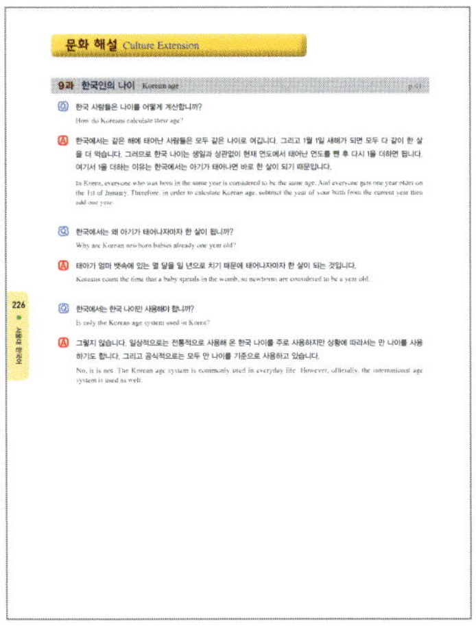

문화 해설

'문화 산책'에서 제시한 문화 내용에 대한 학습자의 이해를 돕기 위해 질의 응답 형식의 해설을 제공한다.

The Q & A section adds in-depth cultural information to that presented in the 'Culture Note'.

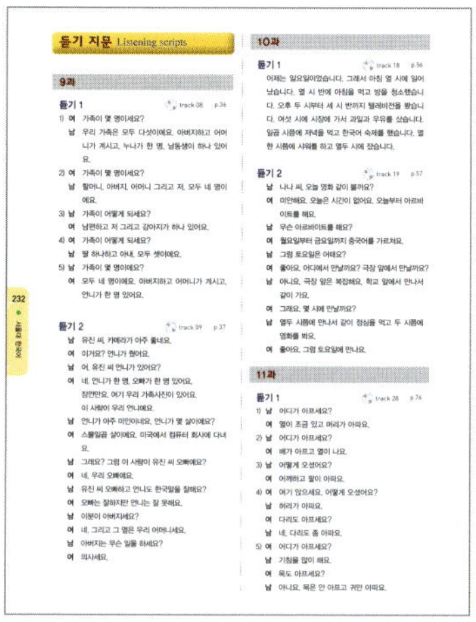

듣기 지문

'듣고 말하기'의 듣기 지문을 제공한다.

Transcriptions for listening passages in 'Listening and Speaking' are provided.

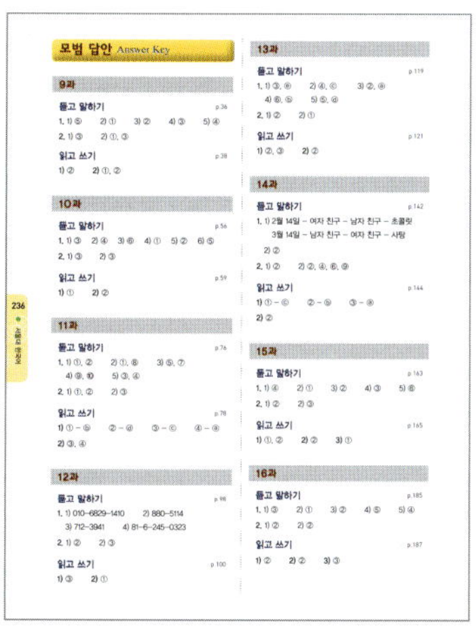

모범 답안

'듣고 말하기', '읽고 쓰기'의 문제에 대한 답을 제공한다.

Answer key for comprehension checks in 'Listening and Speaking' and 'Reading and Writing' are provided.

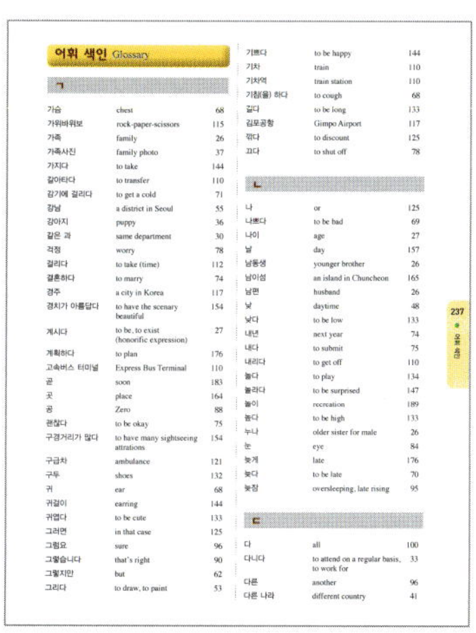

어휘 색인

교재에 나오는 모든 어휘를 출현한 페이지와 함께 제시한다.

A list is provided of all the vocabulary in the textbook, with page number.

일러두기 How to use this book

• 멀티미디어 학습 자료

'어휘', '문법과 표현'의 예문 및 연습 문제, '말하기 1 · 2'의 대화문, 듣기 지문, 읽기 텍스트, 오디오 파일, 사진 및 동영상 등의 보조 자료, 교사용 과제 도움말 등을 제공한다.

The multimedia content furnishes example sentences and exercises for the Vocabulary and Grammar and Expression sections, dialogues for the Speaking 1 and 2 sections, as well as transcripts, reading texts, audio files, supplementary materials such as photographs and movie clips, and helpful tips for instructors.

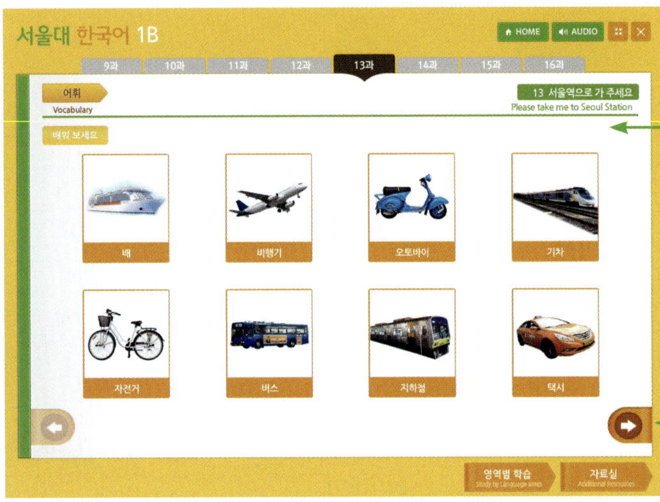

주제 어휘를 오디오 파일과 함께 확인할 수 있다.

The Vocabulary section provides opportunity to check key lexical items with audio files.

줄 긋기, 메모리 게임 등의 활동을 통해 어휘를 학습할 수 있다.

Vocabulary can be practiced through activities such as matching or memory games.

'문법과 표현'의 주요 내용을 학습할 수 있다.

The Grammar and Expression section presents core information on those items.

애니메이션으로 구현된 말하기 대화를 들을 수 있다.
The Speaking section provides animated dialogues.

'말하기' 대화문을 볼 수 있다.
This section provides texts for dialogues.

영어 번역을 확인할 수 있다.
This function offers English translations.

'말하기' 연습 1의 교체된 대화문을 볼 수 있다.
This function shows substituted dialogues for Exercise 1.

'말하기' 대화를 역할극으로 할 수 있다.
This function allows for role-plays.

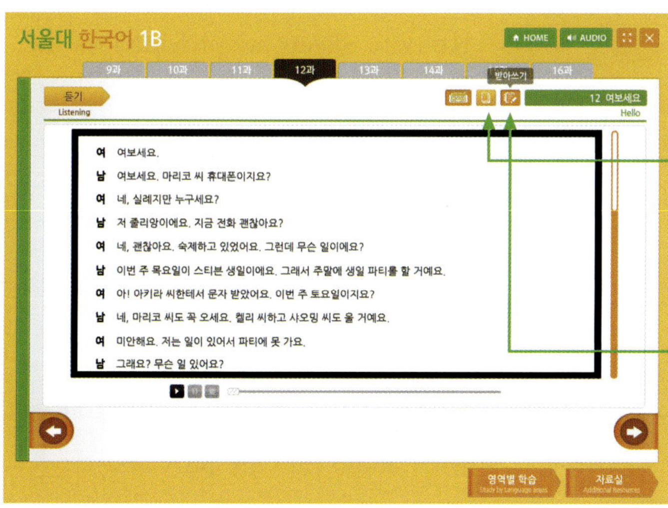

듣기 지문을 보면서 들을 수 있다.
This function offers transcripts for Listening 2.

들으면서 받아쓰기 연습을 할 수 있다.
This function offers dictation exercises.

일러두기 How to use this book

새 단어의 뜻과 예문을 확인할 수 있다.
The pop-up assistant offers definitions of new vocabulary with example sentences when a word is highlighted.

읽기 텍스트의 내용을 들어 볼 수 있다.
This function allows the text to be heard.

사진, 동영상 등의 수업용 보조 자료를 제공한다.
The Reference Room provides supplementary materials such as photographs and video clips.

과제용 활동지를 제공한다.
Activity Sheets are provided for the Task section.

과제 운영을 위한 교사용 도움말을 제공한다.
Helpful tips for the Task section are provided for instructors.

오디오 파일을 모두 mp3 파일로 제공한다.
Mp3 audio files are provided.

차례 Contents

머리말 Preface

일러두기 How to use this book

교재 구성표 Scope and Sequence

등장인물 Characters

9과 이분은 누구세요? Who is this person? 24

10과 지금 몇 시예요? What time is it now? 46

11과 감기에 걸렸어요 I caught a cold 66

12과 여보세요 Hello 86

13과 서울역으로 가 주세요 Please take me to Seoul Station 108

14과 이 옷을 입어 보세요 Try these clothes on 130

15과 여행을 가고 싶어요 I want to go on a trip 152

16과 우리 집에 올 수 있어요? Can you come to my house? 174

활동지 Activity Sheets 196

문법 해설 Grammar Extension 206

문화 해설 Culture Extension 226

듣기 지문 Listening Scripts 232

모범 답안 Answer Key 236

어휘 색인 Glossary 237

교재 구성표 Scope and Sequence

단원 Unit	말하기 Speaking	듣고 말하기 Listening and Speaking	읽고 쓰기 Reading and Writing
9 과 이분은 누구세요? Who is this person?	• 친구 소개하기 Introducing your friends • 가족 소개하기 Introducing family members	• 가족 수에 대한 짧은 대화 듣기 Listening to the short conversations about the size of a family • 가족에 대한 대화 듣기 Listening to a conversation about family members • 가족 소개하기 Introducing family members	• 가족을 소개하는 블로그 글 읽기 Reading a blog entry about family members • 가족을 소개하는 글 쓰기 Writing a passage to introduce your family members
10 과 지금 몇 시예요? What time is it now?	• 약속 시간 정하기 Deciding what time to meet • 일정 묻고 답하기 Asking and responding to questions about a schedule	• 일요일 일정 듣기 Listening to a passage about Sunday's schedule • 약속하는 대화 듣기 Listening to a conversation about making an appointment to meet someone • 영화 보는 약속하기 Making plans to see a movie	• 주말 계획에 대한 이메일 읽기 Reading an e-mail about weekend plans • 이메일 답장 쓰기 Replying to an e-mail
11 과 감기에 걸렸어요 I caught a cold	• 증상과 금지 표현하기 Expressing symptoms and prohibition • 의무 표현하기 Expressing obligation	• 증상에 대한 짧은 대화 듣기 Listening to the short conversations about symptoms • 증상과 그에 대해 조언하는 대화 듣기 Listening to a conversation about symptoms and advices • 아픈 경험 말하기 Talking about your experience of illness	• 걱정거리에 대한 글 읽기 Reading a passage about worries • 조언하는 글 쓰기 Writing about giving advice
12 과 여보세요 Hello	• 전화하기 Talking on the phone • 이유 표현하기 Expressing reasons	• 전화번호 듣기 Listening to telephone numbers • 전화 대화 듣기 Listening to a telephone conversation • 학교에 못 가는 이유 말하기 Saying the reason you could not go to school	• 문자 읽기 Reading a text message • 답장 보내기 Replying to a text message

과제 Task	어휘 Vocabulary	문법과 표현 Grammar and Expression	발음 Pronunciation	문화 산책 Culture Note
• 새 친구에 대해 알아보기 Getting to know each other	• 가족 Family • 숫자 3 Numbers 3 • 높임말 Honorific language	• N(의) N • N을/를 잘하다[잘 못하다, 못하다] • N(이)세요 • A/V-(으)시-	• '의'의 발음 Pronunciation of '의'	• 한국인의 나이 Korean age
• 주말 계획 세우기 Making plans for the weekend	• 때 The time • 동사 2 Verb 2	• 시간 • N부터 N까지 • V-아서/어서 • V-(으)ㄹ 거예요	• 경음화 2 Glottalization 2	• 공공 기관 이용 시간 Operating hours for public facilities
• 안내문 작성하기 Writing a notice or sign	• 신체 Body • 증상 Symptoms	• 'ㅡ' 탈락 • V-지 마세요 • N만 • V-아야/어야 되다	• 유기음화 Aspiration	• 감기의 민간요법 Home remedies for a cold
• 전화로 정보 알아내기 Asking information by telephone	• 전화번호 Telephone Number • 전화 Telephone	• A/V-지요? N(이)지요? • V-고 있다 • 못 V • A/V-아서/어서	• '못'의 발음 Pronunciation of '못'	• 긴급 전화 Emergency call

교재 구성표 Scope and Sequence

단원 Unit	말하기 Speaking	듣고 말하기 Listening and Speaking	읽고 쓰기 Reading and Writing
13과 서울역으로 가 주세요 Please take me to Seoul Station	• 방학 계획 표현하기 Expressing school vacation plans • 요청하기 Requesting	• 목적지에 가는 방법에 대한 짧은 대화 듣기 Listening to the short conversations about going to a destination • 교통편에 대해 묻고 답하는 대화 듣기 Listening to a conversation about traffic facilities • 대중교통 노선에 대해 말하기 Talking about public transportation routes	• 감사의 글 읽기 Reading a passage about thankful experiences • 감사의 글 쓰기 Writing a passage about thankful experiences
14과 이 옷을 입어 보세요 Try these clothes on	• 외형 묘사하기 Describing someone's appearance • 권유하기 Recommending	• 선물에 대한 대화 듣기 Listening to a conversation about gifts • 등산 복장에 대한 대화 듣기 Listening to a conversation about hiking clothes • 옷차림에 대해 말하기 Talking about clothing styles	• 생일 선물에 대한 블로그 글 읽기 Reading a blog entry about birthday gifts • 기억에 남는 선물에 대한 글 쓰기 Writing about a memorable gift
15과 여행을 가고 싶어요 I want to go on a trip	• 여행 계획 표현하기 Expressing travel plans • 희망 표현하기 Expressing wanting to do something	• 희망 사항 듣기 Listening to conversations about wanting to do something • 여행 소감 듣기 Listening to a conversation about travel • 신혼 여행지에 대해 말하기 Talking about honeymoon destinations	• 여행지 소개하는 글 읽기 Reading a travel brochure • 여행지 소개하는 글 쓰기 Writing a travel brochure
16과 우리 집에 올 수 있어요? Can you come to my house?	• 초대하기 Inviting • 방문하기 Visiting	• 어제 한 일 듣기 Listening to conversations about what someone did yesterday • 도움을 약속하는 대화 듣기 Listening to conversations about promising to help • 도움 약속하기 Promising to help	• 초대하는 이메일 읽기 Reading an e-mail invitation • 초대에 대한 답장 쓰기 Replying to an invitation

과제 Task	어휘 Vocabulary	문법과 표현 Grammar and Expression	발음 Pronunciation	문화 산책 Culture Note
• 대중교통으로 서울의 명소 찾아가기 Visiting a famous place in Seoul by public transportation	• 교통 Traffic	• V–(으)려고 하다 • N에서 N까지 • V–아/어 주다 • N(으)로	• 역 이름의 발음 Pronunciation of station names	• 대중교통 요금과 교통카드 Public transportation fares and transportation cards
• 선물 정하기 Deciding on gifts	• 의복 Clothes • 형용사 2 Adjective 2	• 'ㄹ' 탈락 • A–(으)ㄴ N • N한테[께] • V–아/어 보세요	• 겹받침의 발음 Pronunciation of double final consonants	• 선물 금기 Gift-giving taboos
• 여행에 대한 의견 조사하기 Surveying opinions about travel	• 여행 Travel	• A/V–(으)면 • V–는 N • V–고 싶다 • V–고 싶어 하다	• 비음화 2 Nasalization 2	• 유명한 여행지 Famous travel destinations
• 모임 계획하기 Planning a gathering	• 모임 Gathering • 부사 Adverb	• V–(으)ㄹ 수 있다[없다] • V–(으)ㄹ게요 • V–(으)러 가다[오다] • V–(으)면서	• 경음화 3 Glottalization 3	• 집들이 선물 Housewarming party gift

등장인물 Characters

마리코 (30)
일본
LEI 학생, 주부
나나 (20)
중국
LEI 학생
줄리앙 (25)
프랑스
LEI 학생, 대학원생
이지연 (30)
한국
주부
김민수 (28)
한국
회사원
아키라 (28)
일본
LEI 학생, 회사원

9 이분은 누구세요?
Who is this person?

학 습 목 표

어 휘

- 가족
  Family
- 숫자 3
  Numbers 3
- 높임말
  Honorific language

문법과 표현 1

- N(의) N
- N을/를 잘하다[잘 못하다, 못하다]

말하기 1

- 친구 소개하기
  Introducing your friends

문법과 표현 2

- N(이)세요
- A/V-(으)시-

말하기 2

- 가족 소개하기
  Introducing family members

듣고 말하기

- 가족 수에 대한 짧은 대화 듣기
  Listening to the short conversations about the size of a family
- 가족에 대한 대화 듣기
  Listening to a conversation about family members
- 가족 소개하기
  Introducing family members

읽고 쓰기

- 가족을 소개하는 블로그 글 읽기
  Reading a blog entry about family members
- 가족을 소개하는 글 쓰기
  Writing a passage to introduce your family members

과 제

- 새 친구에 대해 알아보기
  Getting to know each other

문화 산책

- 한국인의 나이
  Korean age

발 음

- '의'의 발음
  Pronunciation of '의'

어 휘 Vocabulary

1. 그림에 맞는 번호를 쓰세요.
   Write the number of each kinship term next to the matching picture.

[가족]

① 할머니
② 할아버지
③ 어머니
④ 아버지
⑤ 누나
⑥ 형
⑦ 언니
⑧ 오빠
⑨ 여동생
⑩ 남동생

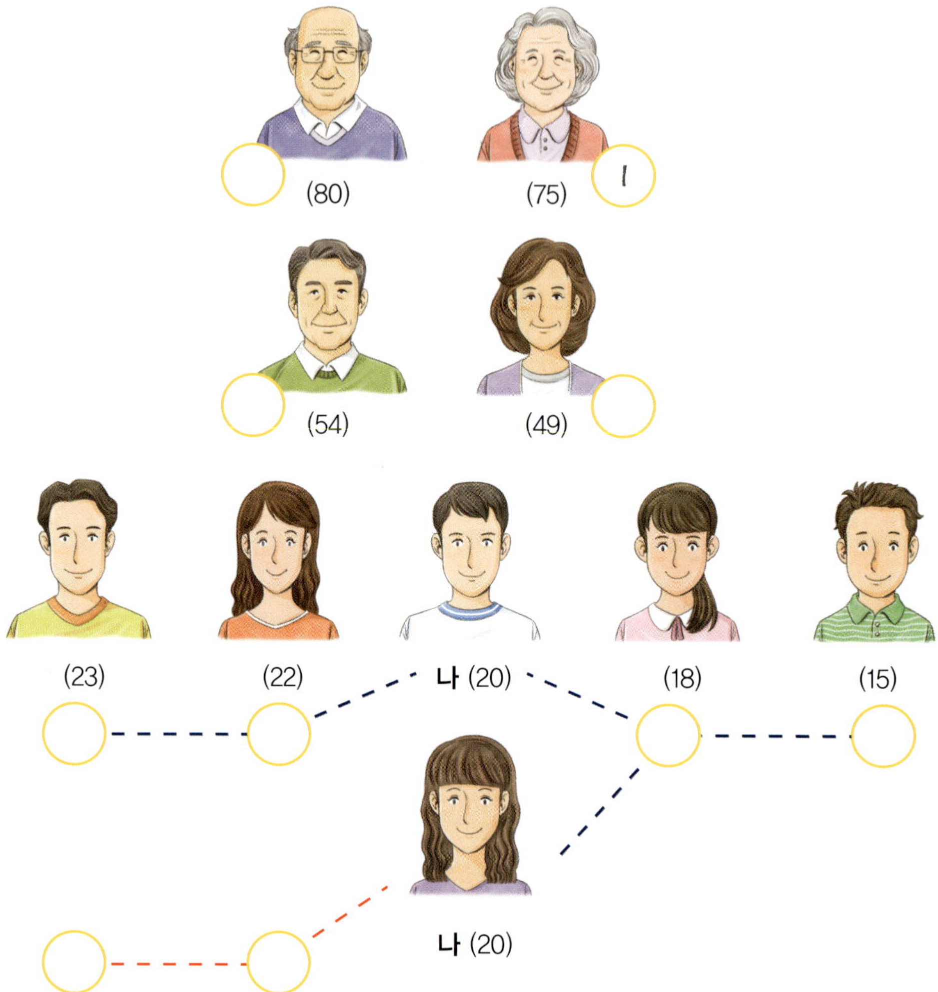

⑪ 아내
⑫ 남편
⑬ 딸
⑭ 아들

2. 이야기해 보세요.
How old are you?

몇 살이에요?

10	20	30	40	50	60	70	80	90	100
열	스물	서른	마흔	쉰	예순	일흔	여든	아흔	백

3. 알맞은 것을 연결하세요.
Match each word with the correct honorific word.

1) 이름 •	• 댁
2) 집 •	• 연세
3) 사람 – 명 •	• 성함
4) 나이 •	• 분
5) 있다 •	• 계시다
6) 먹다 – 마시다 •	• 주무시다
7) 자다 •	• 드시다

문법과 표현 1 Grammar and Expression 1

1. N(의) N

track 02

A 이거 스티븐 씨의 책이에요?

B 네, 제 책이에요.

예

- 누구(**의**) 가방이에요? – 히엔(**의**) 가방이에요.
- 저 사람은 누구예요? – **내** 친구예요.

나 + 의 = 나의 → **내**
저 + 의 = 저의 → **제**

연습1 여러분의 물건을 하나씩 상자에 모으세요. 그리고 물건을 꺼내면서 [보기]와 같이 이야기해 보세요.
Put one item each in the box. Find out whose item it is.

보 기

2. N을/를 잘하다[잘 못하다, 못하다]

track 03

A 한국말을 잘해요?

B 아니요, 잘 못해요.

예

- 마리코 씨는 뭐를 **잘해요**? – 마리코 씨는 요리를 **잘해요**.
- 저는 운전을 **잘 못해요**.
- 저는 수학을 **못했어요**.

연습1 [보기]와 같이 친구와 이야기해 보세요.

Interview your classmates.

보 기

영어 잘해요?

네, 잘해요.

아니요, 잘 못해요.

아니요, 못해요.

[잘해요 : O, 잘 못해요 : △, 못해요 : ×]

		친구 1	친구 2	친구 3
[보기]	 영어 잘해요?	O	△	×
1	 ________			
2	 ________			
3	 ________			
4	 ________			
5	 ________			
6	? ________			

운전 driving 수학 mathematics

말하기 1 Speaking 1

track 04

스티븐 정우 씨, 인사하세요. 이쪽은 줄리앙 씨예요.
정 우 안녕하세요, 줄리앙 씨?
스티븐 줄리앙 씨, 이쪽은 정우 씨예요. 정우 씨는 제 룸메이트예요.
줄리앙 만나서 반가워요, 정우 씨. 저는 줄리앙이에요.
스티븐 씨의 한국어 반 친구예요.
정 우 네, 만나서 반가워요. 스티븐 씨한테서 이야기 많이 들었어요.
줄리앙 저도 정우 씨 이야기 많이 들었어요.
스티븐 줄리앙 씨는 노래를 아주 잘해요.
줄리앙 뭘요. 잘 못해요.

못해요
[모태요]

연습1 친구와 연습해 보세요.
Practice with your partner.

1) 줄리앙 / 한국어 반 / 노래
2) 에리카 / 고향 / 요리
3) 앤드류 / 동아리 / 운동
4) 요시토 / 같은 과 / 한국말

인사하다 to greet 이쪽 this 한테서 from someone 뭘요 not really 동아리 club 같은 과 same department

연습2 여러분의 친구들을 서로 소개해 주세요.
Introduce your classmates.

• 친구를 소개할 때
When introducing one's friend

이쪽은 샤오밍 씨예요.
여기는 샤오밍 씨예요.

• 윗사람을 소개할 때
When introducing one's senior

이분은 김 선생님이세요.

역사 history

문법과 표현 2 Grammar and Expression 2

1. N(이)세요

track 05

A 이분은 누구세요?
B 우리 아버지세요.

예

- 이분은 우리 어머니**세요**.
- 아버지는 회사원**이세요**.

연습1 여러분의 주변 인물을 친구에게 소개하세요.
Introduce someone whom you know to your classmates.

이에요/예요　　　　이세요/세요

보 기

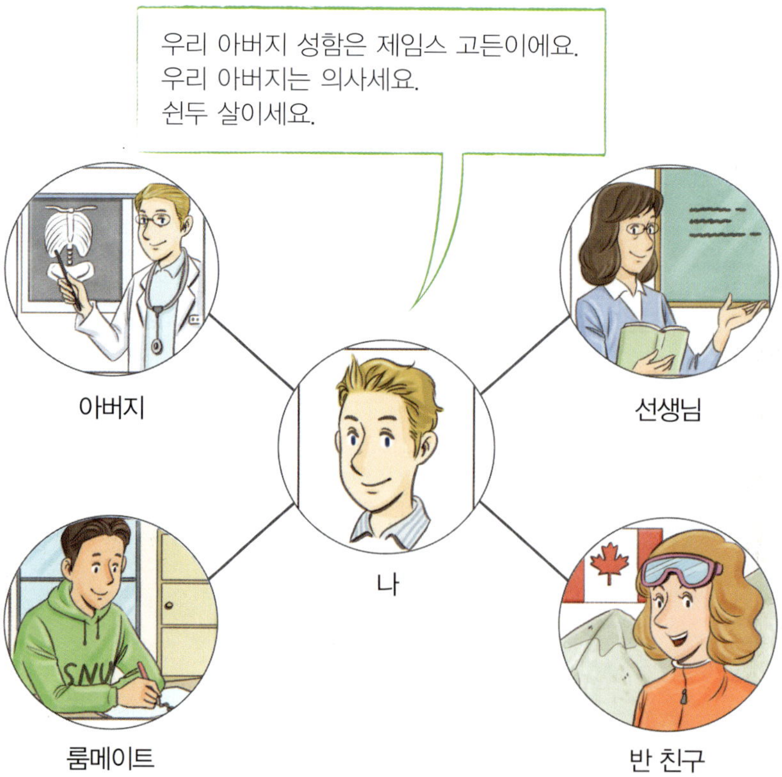

이분 this (honorific expression)　우리 my

2. A/V-(으)시-

track 06

A 아버지는 무슨 일을 하세요?

B 회사에 다니세요.

예

- 김 선생님은 친절하**세**요.
- 할머니는 친구가 많**으세**요.
- 김 선생님은 지금 뭐 하**세**요? – 책을 읽**으세**요.
- 사장님은 어제 중국에 가**셨**어요. 지금 댁에 안 계**세**요.
- 어머니는 어제 비빔밥을 드**셨**어요.

-으시/시- + -어요 → -으세요/세요

-으시/시- + -었어요 → -으셨어요/셨어요

연습1 [보기]와 같이 이야기해 보세요.

Talk about your family members as shown in the example.

할아버지	할머니	아버지	어머니	________

보 기

우리 할아버지는 전에 역사 선생님이셨어요.
축구를 좋아하셨어요.
아주 멋있으셨어요.

요즘은 도서관에서 일하세요.
산책을 좋아하세요.
지금도 멋있으세요.

다니다 to attend on a regular basis / to work for 친절하다 to be kind 사장님 president of a company 전에 in the past 멋있다 to be stylish

말하기 2 Speaking 2

track 07

민　수	가족이 몇 명이에요?
아키라	네 명이에요. 부모님이 계시고 여동생이 한 명 있어요.
민　수	아버지는 무슨 일을 하세요?
아키라	회사에 다니세요.
민　수	어머니가 미인이세요. 연세가 어떻게 되세요?
아키라	쉰일곱이세요.
민　수	가족이 모두 일본에 계세요?
아키라	아니요, 여동생은 한국에서 대학교에 다녀요.

몇 명
[면명]

무슨 일
[무슨닐]

연습1 친구와 연습해 보세요.
Practice with your partner.

1) 여동생
회사에 다니다
57

2) 남동생
은행에 다니다
49

3) 오빠
신문사에서 일하다
60

4) 누나
중학교 영어 선생님이다
53

부모님 parents　미인 beautiful woman　대학교 university　신문사 newspaper publishing company　중학교 middle school

연습2 A, B가 되어 친구와 이야기해 보세요. (가족 카드 → p.196)

Ask each other questions and respond.

A

B

가족이 어떻게 되세요? / 가족이 몇 명이에요?

모두 다섯이에요.

이분은 누구세요? / 이 사람은 누구예요?

성함이 어떻게 되세요? / 이름이 뭐예요?

연세가 어떻게 되세요? / 몇 살이에요?

무슨 일을 하세요? / 무슨 일을 해요?

·
·
·

• 이름, 나이, 직업을 공손하게 물을 때

When politely asking someone's name, age and occupation

성함이 어떻게 되세요?
연세가 어떻게 되세요?
무슨 일을 하세요?

듣고 말하기 Listening and Speaking

준비 가족이 몇 명이에요?
How many people are in your family?

듣기1 잘 듣고 연결하세요. track 08
Listen carefully and match each dialogue with the correct picture.

1) • • ①

2) • • ②

3) • • ③

4) • • ④

5) • • ⑤

강아지 puppy

준비 가족사진이 있어요? 그 사진을 언제 찍었어요?
Do you have a family photo? When was it taken?

듣기2 잘 듣고 맞는 것을 고르세요. track 09
Listen carefully and choose the correct answer.

1) 유진의 가족은 모두 몇 명이에요?

① 세 명　　② 네 명　　③ 다섯 명

2) 맞는 것을 모두 고르세요.

① 유진의 언니는 회사에 다녀요.
② 유진의 오빠는 한국말을 잘 못해요.
③ 유진의 아버지는 의사세요.

말하기 가족사진을 보면서 여러분의 가족을 소개해 보세요.
Bring in your family photo and introduce your family members to the class.

가족사진 family photo

읽고 쓰기 Reading and Writing

준비 여러분의 가족은 무슨 일을 하세요?
What do your family members do?

읽기 다음 글을 읽고 질문에 답하세요.
Read the passage and answer the following questions.

블로그

내 소개

우리 가족을 소개합니다!

우리 가족은 모두 네 명이에요. 아버지와 어머니가 계시고 오빠가 한 명 있어요.
아버지는 회사에 다니세요. 아주 재미있으시고 항상 웃으세요. 그리고 요리를 아주 잘하세요.
우리 어머니는 영어 선생님이세요. 어머니는 따뜻하고 친절하세요. 그래서 어머니의 학생들은 어머니를 아주 좋아해요.
오빠는 대학생이에요. 공부는 잘하지만 운동은 잘 못해요. 그래서 요즘 오빠는 동아리에서 태권도를 배워요.
저는 우리 가족을 정말 사랑해요.

◀ PRE 1 • 2 • 3 • 4 • 5 NEXT ▶

1) 내용에 맞는 가족사진을 고르세요.

① 

② 

③ 

2) 맞는 것을 모두 고르세요.

① 아버지는 회사원이세요.

② 어머니는 영어를 가르치세요.

③ 오빠는 아버지한테서 태권도를 배워요.

웃다 to laugh

쓰기 여러분도 가족을 소개하는 글을 써 보세요.
Write a passage to introduce your family.

______의 블로그

내 소개

우리 가족을 소개합니다!

◀ PRE 1 • 2 • 3 • 4 • 5 NEXT ▶

과제 Task

새 친구에 대해 알아보세요. Get to know about your classmates.

새 친구를 만나 인사를 나누세요.
Meet a new person and greet each other.

> 안녕하세요? 저는 샤오밍이에요. 중국 사람이에요.

> 안녕하세요? 저는 니콜이에요. 만나서 반가워요.

친구와 대화하면서 마인드맵을 완성해 보세요. (마인드맵 → p.197)
Ask each other and complete the mind-map about the new person.

> 무슨 일을 해요?

> 선생님이에요.

> 뭘 가르쳐요?

> 영어를 가르쳐요.

> 어느 학교에서 영어를 가르쳐요?

> 서울중학교에서 가르쳐요.

> 그럼 취미는 뭐예요?

> 수영을 좋아해요.

⋮

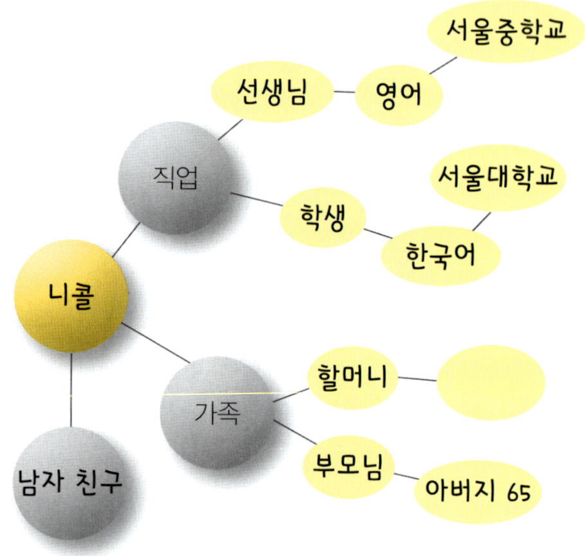

새 친구를 다른 사람들에게 소개해 보세요.
Introduce your new friend to the class.

> 니콜 씨는 캐나다 사람입니다. 한국에서 영어를 가르칩니다. 니콜 씨는 할머니가 계시고 오빠가 한 명 있습니다. 그리고 니콜 씨는 수영을 좋아합니다. …

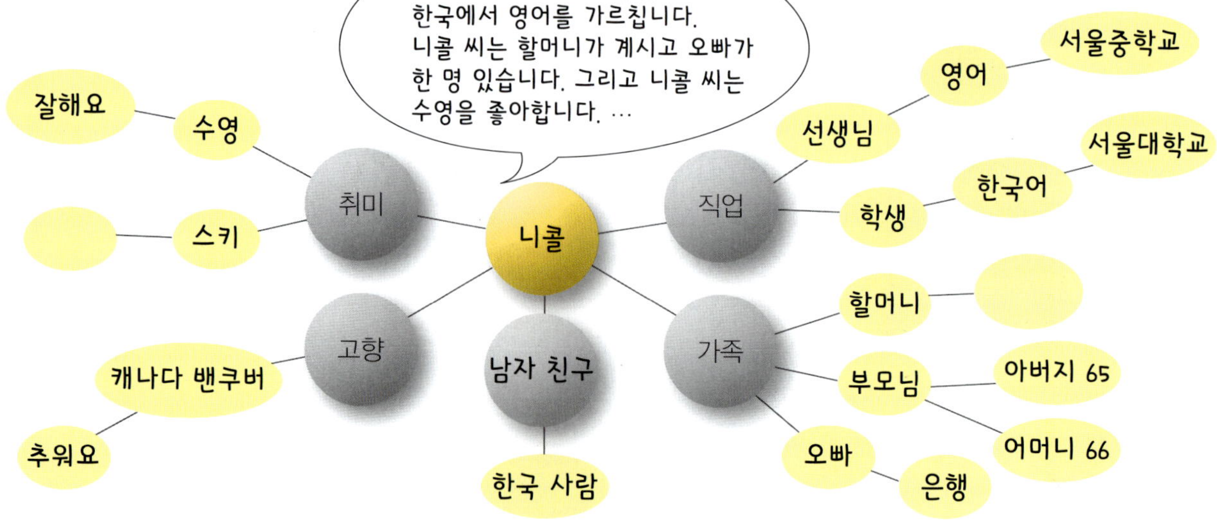

취미 hobby

문화 산책 Culture Note

준비 여러분은 지금 몇 살이에요?
How old are you?

알아보기

	한국의 아기는	다른 나라의 아기는
1) 12월 31일에 아기가 태어났습니다. 	**한 살**입니다.	**나이가 없습니다.**
2) 1월 1일입니다. 	오늘 **두 살**이 됩니다.	지금도 **나이가 없습니다.**
3) 오늘은 12월 31일입니다. 아기의 생일입니다. 	**두 살**입니다.	오늘 **한 살**이 됩니다.

생각 나누기 한국에서는 1월 1일에 한 살을 더 먹습니다. 여러분 나라는 어떻습니까? 여러분의 한국 나이는 몇 살입니까? In Korea, everyone gets one year older on the 1st of January. How about in your country? What is your Korean age?

아기 baby　태어나다 to be born　다른 나라 different country　되다 to become

발음 Pronunciation

준비 들어 보세요. track 10
Listen to the following.

1) 의자
2) 강의
3) 친구의 책

규칙 '의'의 발음에 주의하세요.
Pay attention to the pronunciation of '의'.

			발음	예
1)	의 + ○	→	[의]	예] 의사[의사]
2)	○ + 의	→	[이]	예] 회의[회이]
3)	N + 의 + N	→	[에]	예] 정우의 가방[정우에가방]

연습 잘 듣고 따라 해 보세요. track 11
Listen carefully and repeat the following sentences.

1) 유진 씨의 집은 여의도에 있어요.
2) 저것은 줄리앙의 의자입니다.
3) 의사 선생님이 강의를 하세요.
4) A 이거는 나나 씨의 휴대폰이에요?
   B 아니요, 선생님의 휴대폰이에요.

자기 평가 Self-Check

1. 아는 단어에 ✓ 하세요.
Check all the words that you know.

- [ ] 할아버지
- [ ] 어머니
- [ ] 오빠
- [ ] 형
- [ ] 여동생
- [ ] 스물
- [ ] 마흔
- [ ] 연세
- [ ] 다니다

2. 알맞은 것을 골라 문장을 완성하세요.
Fill in each blank using the correct word from the box.

계시다	드시다	주무시다

1) 할머니, 지금 어디에 (   )?

2) 아버지는 빵을 (   )고 회사에 가셨어요.

3. 그림을 보고 대화를 완성하세요.
Look at the pictures and complete each dialogue.

1)

A 요리를 ____________________?

B 아니요, ____________________.

2)

A 나나 씨 아버지는 무슨 일을 ____________?

B 회사원____________________.

정답

2. 1) 계세요 2) 드시 3. 1) 잘해요, 잘 못해요 / 못해요 2) 하세요, 이세요

번역 Translation

어휘

가족	family
할머니	grandmother
할아버지	grandfather
어머니	mother
아버지	father
누나	older sister for male
형	older brother for male
언니	older sister for female
오빠	older brother for female
여동생	younger sister
남동생	younger brother
아내	wife
남편	husband
딸	daughter
아들	son

살	unit noun for age
열	ten
스물	twenty
서른	thirty
마흔	forty
쉰	fifty
예순	sixty
일흔	seventy
여든	eighty
아흔	ninety
백	hundred

Regular		Honorific	
나이	–	연세	age
먹다 / 마시다	–	드시다	to eat / to drink
사람 / 명	–	분	person / unit noun for people
이름	–	성함	name
있다	–	계시다	to be / to exist
자다	–	주무시다	to sleep
집	–	댁	home / house

말하기 1

Steven	Jeongu, this is Julian.
Jeongu	Hello, Julian.
Steven	Julian, this is Jeongu. Jeongu is my roommate.
Julian	Nice to meet you, Jeongu. I am Julian. I am Steven's Korean language classmate.
Jeongu	Nice to meet you. I have heard a lot about you from Steven.
Julian	I've also heard about you from Steven.
Steven	Julian is very good at singing.
Julian	No, not really. I am not that good.

말하기 2

Minsu	How many members are there in your family?
Akira	There are four. I have my parents and one younger sister.
Minsu	What does your father do?
Akira	He works for a company.
Minsu	Your mother is a beautiful lady! How old is she?
Akira	She is 57 years old.
Minsu	Are your family members all in Japan?
Akira	No, my younger sister goes to a university in Korea.

10 지금 몇 시예요?
What time is it now?

학 습 목 표

어 휘	• 때 The time • 동사 2 Verb 2
문법과 표현 1	• 시간 • N부터 N까지
말하기 1	• 약속 시간 정하기 Deciding what time to meet
문법과 표현 2	• V–아서/어서 • V–(으)ㄹ 거예요
말하기 2	• 일정 묻고 답하기 Asking and responding to questions about a schedule
듣고 말하기	• 일요일 일정 듣기 Listening to a passage about Sunday's schedule • 약속하는 대화 듣기 Listening to a conversation about making an appointment to meet someone • 영화 보는 약속하기 Making plans to see a movie
읽고 쓰기	• 주말 계획에 대한 이메일 읽기 Reading an e-mail about weekend plans • 이메일 답장 쓰기 Replying to an e-mail
과 제	• 주말 계획 세우기 Making plans for the weekend
문화 산책	• 공공 기관 이용 시간 Operating hours for public facilities
발 음	• 경음화 2 Glottalization 2

어 휘 Vocabulary

1. 빈칸에 알맞은 단어를 쓰세요.
Write the correct time word in the box.

새벽	아침	낮	저녁	밤	~~오전~~	오후

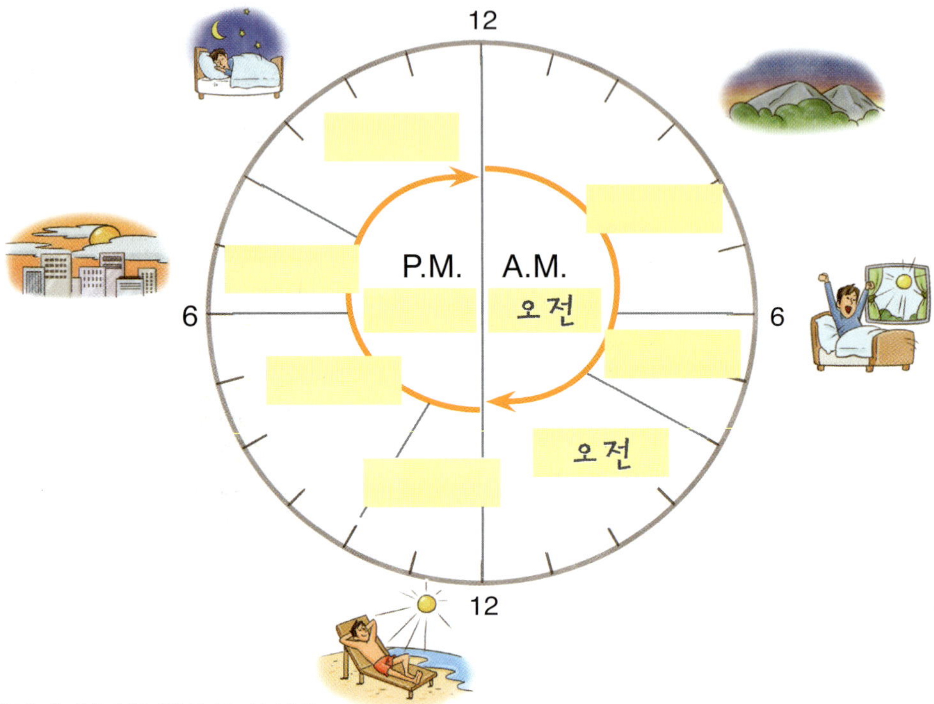

2. 뭘 해요? 빈칸에 알맞은 번호를 쓰세요.
What is the man doing? Write the number of each expression above the matching picture.

① ~~일어나다~~
② 버스를 기다리다
③ 운전하다
④ 버스를 타다
⑤ 세수하다
⑥ 청소하다
⑦ 회의하다
⑧ 빨래하다
⑨ 전화하다
⑩ 컴퓨터를 하다
⑪ 요리하다
⑫ 샤워하다

문법과 표현 1 Grammar and Expression 1

1. 시간

track 12

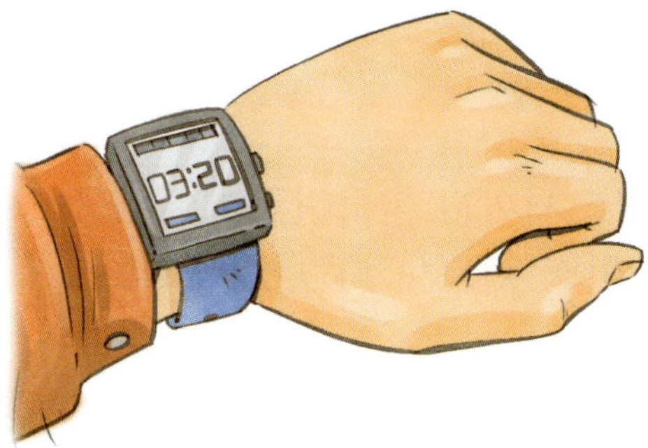

A 지금 몇 시예요?
B 세 시 이십 분이에요.

예
- 지금 몇 **시**예요? – 두 **시**예요.
- 다섯 **시** 십오 **분**이에요.
- 열 **시** 삼십 **분**이에요. (= 열 **시** **반**이에요.)

한, 두, 세, 네, 다섯 … + 시
일, 이, 삼, 사, 오 … + 분

A 몇 시에 점심을 먹어요?
B 한 시쯤에 먹어요.

예
- 몇 **시**에 친구를 만나요? – 네 **시**에 친구를 만나요.
- 나나 씨는 여섯 **시**쯤(에) 일어났어요.

연습1 친구와 이야기해 보세요.
Ask each other questions and respond.

보통 몇 시에 일어나요?

일곱 시 반에 일어나요.

일곱 시 반쯤 일어나요.

일어나다 → 아침을 먹다 → ? → 점심을 먹다 → 저녁을 먹다 → ? → 자다

시 o'clock / unit noun for hours 분 minute(s) / unit noun for minutes 반 half 쯤 about 아침 breakfast 저녁 dinner

2. N부터 N까지

track 13

A.M. 9:00 ~ P.M. 1:00

A 몇 시까지 한국어를 배워요?
B 아홉 시부터 한 시까지 배워요.

예

- 두 시**부터** 네 시**까지** 영화를 봤어요.
- 몇 시**까지** 일해요? – 오후 여섯 시**까지** 일해요.
- 월요일**부터** 금요일**까지** 한국어 수업이 있어요.
- 8월 12일**부터** 31일**까지** 방학이에요.

연습1 다음을 보고 이야기해 보세요.

Ask each other questions and respond using the following schedule.

보 기

언제 운동을 해요?

목요일 아침 7시부터 9시까지 운동해요.

6월	4일(월)	5일(화)	6일(수)	7일(목)	8일(금)	9일(토)	10일(일)
			노래 수업	노래 수업	노래 수업		
						부산 여행	부산 여행
오전 7시				운동			
8시							
9시	한국어 공부						
10시		회의					
11시							
오후 12시							
1시							부산 시내 구경
2시					영화		
3시							
4시							

말하기 1 Speaking 1

track 14

지 연	우리 내일 영화 볼까요?
마리코	좋아요.
	그런데 내일 오전에는 한국어 수업이 있어요.
지 연	몇 시까지 수업을 해요?
마리코	9시부터 1시까지 해요.
지 연	그럼 우리 몇 시에 만날까요?
마리코	1시 반쯤에 극장 앞에서 만나요.
지 연	네. 밥도 같이 먹을까요?
마리코	그래요. 같이 밥 먹고 영화 봐요.

몇 시에
[면씨에]

연습1 친구와 연습해 보세요. Practice with your partner.

1)	2)	3)	4)
오전 / 한국어 수업	오후 / 시험	오후 / 회의	저녁 / 아르바이트
수업(을) 하다	시험을 보다	회의(를) 하다	아르바이트(를) 하다
9시 ~ 1시	2시 ~ 4시	3시 ~ 5시	5시 ~ 7시
1시 반쯤	4시 반쯤	6시쯤	8시쯤

수업(을) 하다 to take a class 시험을 보다 to take a test

연습2 일요일 계획을 세우고 친구와 약속을 해 보세요.
Make plans and set up a schedule for Sunday with your partner.

일요일에 같이 차를 마실까요?

좋아요.
그런데 일요일 오전에는…….

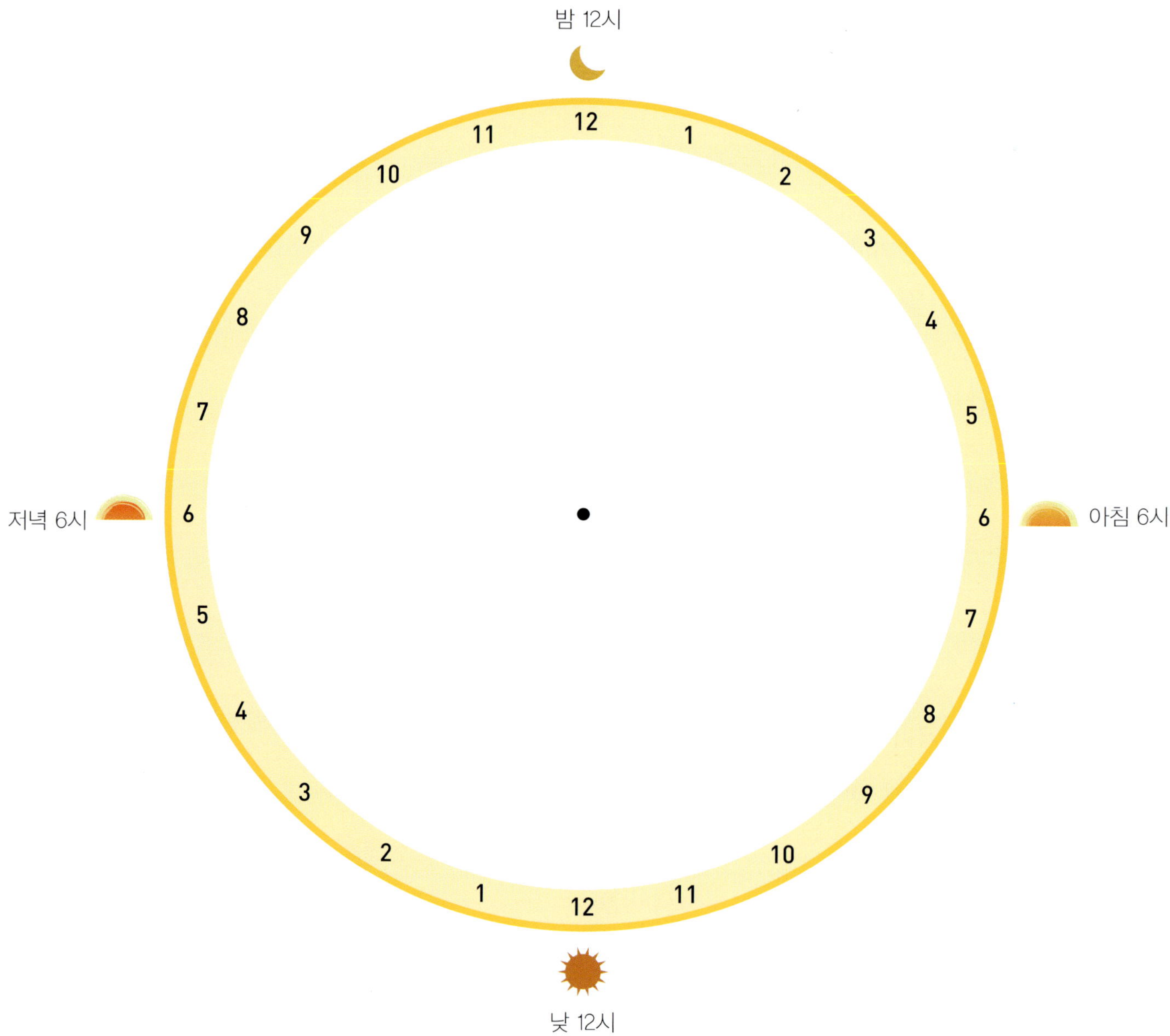

문법과 표현 2 Grammar and Expression 2

1. V-아서/어서

track 15

A 어제 뭐 했어요?

B 인사동에 가서 차를 마셨어요.

예

- 친구를 만**나서** 같이 영화를 봤어요.
- 케이크를 만들**어서** 동생하고 먹었어요.

모음 ㅏ, ㅗ	+	-아서
하다	→	해서
모음 ㅓ, ㅜ, ㅣ …	+	-어서

연습1 그림을 보고 [보기]와 같이 이야기해 보세요.
Create a dialogue for each picture as shown in the example.

보 기

여자 친구 / 남자 친구 생일에 무슨 선물을 줬어요?

그림을 그려서 줬어요.

1)

2)

3)

4)

?

그리다 to draw / to paint

2. V-(으)ㄹ 거예요

track 16

A 주말에 뭐 할 거예요?
B 친구하고 같이 영화를 볼 거예요.

예

- 오늘 저녁에 친구를 만날 **거예요**.
- 밥 먹었어요? – 아니요, 조금 후에 먹을 **거예요**.
- 오늘부터 매일 한국 뉴스를 들을 **거예요**.

받침 × + -ㄹ 거예요
받침 ○ + -을 거예요

연습1 친구와 이야기해 보세요.
Interview your classmates.

	친구 1	친구 2
1) 오늘 어디에서 점심을 ________? 		
2) 오늘 친구를 ________? 네 → 아니오 ⋯› 		
3) → 친구를 만나서 뭐 ________? ⋯› 그럼 오늘 뭐 ________? ?		
4) 오늘 몇 시에 집에 ________? 집에 가서 뭐 ________? 		

이번 this time 방학 school break 조금 후 after a short while

말하기 2 Speaking 2

track 17

스티븐	줄리앙 씨, 주말 잘 보냈어요?
줄리앙	네. 스티븐 씨도 주말 잘 보냈어요? 주말에 뭐 했어요?
스티븐	유진 씨하고 같이 인사동에 가서 차를 마셨어요.
줄리앙	아, 데이트했어요? 오늘도 유진 씨를 만나요?
스티븐	아니요. 오늘은 정우 씨를 만나서 박물관에 갈 거예요. 줄리앙 씨는 오후에 뭐 할 거예요?
줄리앙	저는 도서관에 가서 공부할 거예요.

박물관에
[방물과네]
갈 거예요
[갈꺼예요]

연습1 친구와 연습해 보세요.
Practice with your partner.

1)	2)	3)	4)
인사동	강남	여의도 공원	인천
차를 마시다	영화를 보다	자전거를 타다	바다를 보다
도서관에 가서 공부하다	공원에 가서 사진을 찍다	기타 연습을 하다	집에 가서 청소하다

연습2 여러분은 주말에 뭐 할 거예요? 친구와 이야기해 보세요.
What will you do over the weekend? Ask each other questions and respond.

○○ 씨, 주말에 뭐 할 거예요?

저는 요즘 아주 피곤해요. 그래서 10시까지 잘 거예요.
10시쯤 일어나서 밥을 먹고 텔레비전을 볼 거예요.

그리고 또 뭐 할 거예요?

낮잠을 잘 거예요.

⋮

주말 잘 보내다 to have a good weekend 데이트하다 to have a date 강남 a district in Seoul 여의도 an island in Seoul 박물관 museum 연습 practice 인천 a city in Korea

듣고 말하기 Listening and Speaking

준비 여러분은 몇 시에 자고 몇 시에 일어나요?
What time do you go to bed and what time do you get up?

듣기1 잘 듣고 연결하세요. track 18
Listen carefully and match each activity with the correct time.

1)  • • ① 

2) 

• • ② 

3)  • • ③ 

4) 

• • ④ 

5) 

• • ⑤ 

6)  • • ⑥ 

준비 영화를 좋아해요? 한국 영화를 봤어요?
Do you like movies? Have you seen a Korean movie?

듣기2 잘 듣고 맞는 것을 고르세요. track 19
Listen carefully and choose the correct answer.

1) ①

②

③

2) 맞는 것을 고르세요.

① 나나는 중국어를 배워요.

② 오늘은 토요일이에요.

③ 2시에 영화를 볼 거예요.

④ 금요일에 같이 점심을 먹을 거예요.

말하기 다음을 보고 친구와 약속을 해 보세요. 그리고 약속을 친구들 앞에서 발표해 보세요.
Make plans with your partner. And present your plans to the class.

텍사스 가이		티라노		사랑할까요?	

10:00	16:00	8:30	17:30	9:00	15:45
12:00	20:00	11:30	20:30	11:15	19:00
14:00	22:00	14:30	23:30	13:30	22:15

우리 영화 볼까요?
무슨 영화 볼까요?

'사랑할까요?'를 봐요.

몇 시 영화를 볼까요?

그럼 언제, 어디에서
만날까요?

·
·
·

저는 히엔 씨하고 영화를 볼 거예요.
우리는 '사랑할까요?'를 볼 거예요.
두 시에 학교 앞에서 만나서,
세 시 사십오 분 영화를 볼 거예요.

읽고 쓰기 Reading and Writing

준비 한국에 친구가 있어요? 그 친구를 언제 만날 거예요?
Do you have friends in Korea? When are you going to meet them?

읽기 다음을 읽고 질문에 답하세요.
Read the e-mail and answer the following questions.

From. "마리코" <mariko@japan.com>
To. "김정아" <jeonga@korea.net>
Subject. 전주에서 만날까요?

정아 씨, 저 마리코예요.

잘 지내요? 거기 전주는 날씨가 어때요? 요즘 서울은 아주 추워요.

저는 이번 주말에 전주에 갈 거예요. 전주에서 한국 전통 요리를 배울 거예요. 요리 수업은 토요일에 있어요. 2시부터 6시까지 수업을 해요. 일요일에는 수업이 없지만 저는 일요일까지 전주에 있을 거예요. 일요일에는 아침을 먹고 전주 시내에 갈 거예요. 시내에 가서 남편 선물도 사고 비빔밥도 먹을 거예요. 그리고 6시에 서울에 올 거예요.

정아 씨도 비빔밥을 좋아해요? 우리 일요일에 만나서 같이 점심을 먹을까요? 정아 씨는 언제 시간이 있어요? 이메일 주세요.

마리코

1) 마리코는 언제 한국 전통 요리를 배울 거예요?

① 토요일 아침　② 토요일 오후　③ 일요일 오전

2) 맞는 것을 고르세요.

① 마리코는 전주에 가서 요리를 배울 거예요.
② 마리코는 일요일 아침에 비빔밥을 먹을 거예요.
③ 마리코는 서울에 와서 정아를 만날 거예요.

전주 a city in Korea　전통 tradition　이메일 e-mail

쓰기 여러분이 김정아가 되어서 답장을 써 보세요.

Write a reply to Mariko as if you were Jeonga.

편지쓰기

보내기 | 임시저장 | 미리보기

From. "김정아" <jeonga@korea.net>

To. "마리코" <mariko@japan.com>

Subject. Re: 전주에서 만날까요?

과제 Task

주말 계획을 세워 보세요. Make plans for the weekend.

여러분은 주말에 어디에 갈 거예요? 장소 카드를 보고 같이 갈 친구를 찾으세요. (카드 → p.198)
Where are you going to go on the weekend? Look at the location card and find a friend going to the same place.

인사동

명동

청계천

코엑스

주말에 어디에 갈 거예요?

인사동에 갈 거예요.

저도 인사동에 갈 거예요.

저도 인사동에 갈 거예요.

그럼 우리 같이 갈까요?

장소 카드를 보면서 친구들과 일정표를 만들어 보세요. (일정표 → p.199)
Make a schedule with your classmates using the cards.

몇 시에 만날까요?

한 시에 안국역에서 만나요.

한 시에 만나서 뭘 할까요?

점심을 먹어요.

점심을 먹고 뭘 할까요?

두 시 반부터 네 시까지
거리 구경을 해요.

그리고 뭘 할까요?

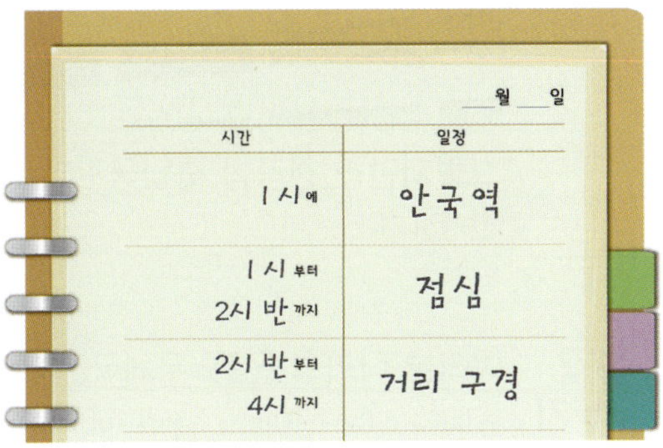

친구들에게 주말 일정을 이야기해 보세요.
Tell your classmates about your weekend plans.

우리는 주말에 인사동에 갈 거예요.
한 시에 안국역에서 만나서 점심을 먹을 거예요.
두 시 반부터 네 시까지 거리 구경을 할 거예요.
그리고…….

문화 산책 Culture Note

준비 한국에서 은행, 우체국, 출입국관리사무소에 갔어요?
Have you been to a bank, a post office, or an immigration office in Korea?

알아 보기 은행은 오전 9시부터 오후 4시까지 합니다. 주말에는 안 합니다.

우체국은 오전 9시부터 오후 6시까지 합니다. 토요일과 일요일은 쉽니다.

출입국관리사무소는 9시부터 6시까지 합니다. 토요일은 9시부터 1시까지 합니다.

그렇지만 인천공항 출입국관리사무소는 오전 7시부터 오후 7시까지 하고 주말에도 안 쉽니다.

생각 나누기 여러분 나라의 은행, 우체국, 백화점은 몇 시부터 몇 시까지 해요?
What are the business hours for banks, post offices, and department stores in your country?

출입국관리사무소 immigration office　그렇지만 but

발음 Pronunciation

준비 들어 보세요. track 20
Listen to the following.

1) 덥고
2) 십 분
3) 첫사랑
4) 꽃집

규칙 받침소리 [ㄷ, ㅂ] 뒤에 오는 'ㄱ, ㄷ, ㅂ, ㅅ, ㅈ'은 [ㄲ, ㄸ, ㅃ, ㅆ, ㅉ]으로 발음됩니다.
After the final consonant sounds [ㄷ, ㅂ], the initial consonants 'ㄱ, ㄷ, ㅂ, ㅅ, ㅈ' are pronounced as [ㄲ, ㄸ, ㅃ, ㅆ, ㅉ].

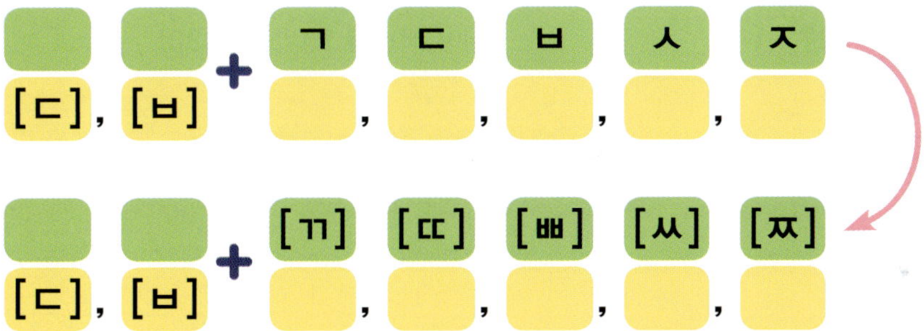

예] 몇 시[멷씨] / 몇 잔[멷짠] / 밥도[밥또] / 삼십 분[삼십뿐] / 일곱 시[일곱씨]

연습 잘 듣고 따라 해 보세요. track 21
Listen carefully and repeat the following sentences.

1) 김치가 맵고 맛이 없어요.
2) 한국 노래는 듣지만 뉴스는 안 들어요.
3) A 지금 몇 시예요?
   B 여섯 시 이십 분이에요.
4) A 커피 일곱 잔 주세요.
   B 네? 몇 잔요?

자기 평가 Self-Check

1. 아는 단어에 √ 하세요.
   Check all the words that you know.

☐ 아침	☐ 오전	☐ 오후
☐ 저녁	☐ 밤	☐ 기다리다
☐ 청소하다	☐ 전화하다	☐ 회의하다

2. 대화를 완성하세요.
   Complete the dialogues using the time in parentheses.

   1) 우리 언제 만날까요? – (   )에 학교 앞에서 만나요. (1:20)

   2) 몇 시에 버스를 탔어요? – (   )에 버스를 탔어요. (7:30)

   3) 오늘 수업이 있어요? – 네, (   ) 수업이 있어요. (9:00 ~ 12:00)

3. 그림을 보고 대화를 완성하세요.
   Look at the pictures and complete each dialogue.

1)

A 내일 친구를 만나서 뭐 할 거예요?

B 차를 마시고 영화를 ______________.

2)

A 아침에 ______________ 뭐 해요?

B 운동해요.

정답

2. 1) 한 시 이십 분 2) 일곱 시 삼십 분 / 일곱 시 반 3) 아홉 시부터 열두 시까지 3. 1) 볼 거예요 2) 일어나서

번 역 Translation

어휘

새벽	dawn / very early A.M. hours	버스를 기다리다	to wait for a bus
아침	morning	버스를 타다	to take a bus
낮	daytime	빨래하다	to do the laundry
저녁	evening	샤워하다	to take a shower
밤	night	세수하다	to wash one's face
오전	A.M / mid-morning before noon	요리하다	to cook
오후	P.M / afternoon before dinner	운전하다	to drive
		일어나다	to get up
		전화하다	to call
		청소하다	to clean
		컴퓨터를 하다	to use a computer
		회의하다	to hold a (formal) meeting

말하기 1

Jiyeon Shall we watch a movie tomorrow?

Mariko Sounds good. But I have Korean class tomorrow morning.

Jiyeon Until what time do you have class?

Mariko I have class from 9 to 1.

Jiyeon Then, what time shall we meet?

Mariko Let's meet in front of the movie theater around 1:30.

Jiyeon Okay. Shall we eat together?

Mariko Okay. Let's eat together and watch a movie.

말하기 2

Steven Julian, did you have a good weekend?

Julian Yes. Steven, did you have a good weekend, too? What did you do over the weekend?

Steven I went to Insadong with Yujin and drank tea.

Julian Oh, did you have a date? Are you seeing Yujin today as well?

Steven No. I am going to meet Jeongu and we will go to a museum. What will you do this afternoon, Julian?

Julian I'll go to the library and study.

11 감기에 걸렸어요

I caught a cold

학 습 목 표

어 휘	• 신체 Body • 증상 Symptoms
문법과 표현 1	• 'ㅡ' 탈락 • V-지 마세요
말하기 1	• 증상과 금지 표현하기 Expressing symptoms and prohibition
문법과 표현 2	• N만 • V-아야/어야 되다
말하기 2	• 의무 표현하기 Expressing obligation
듣고 말하기	• 증상에 대한 짧은 대화 듣기 Listening to the short conversations about symptoms • 증상과 그에 대해 조언하는 대화 듣기 Listening to a conversation about symptoms and advices • 아픈 경험 말하기 Talking about your experience of illness
읽고 쓰기	• 걱정거리에 대한 글 읽기 Reading a passage about worries • 조언하는 글 쓰기 Writing about giving advice
과 제	• 안내문 작성하기 Writing a notice or sign
문화 산책	• 감기의 민간요법 Home remedies for a cold
발 음	• 유기음화 Aspiration

어 휘 Vocabulary

1. 알맞은 것을 연결하세요.
   Match each word with the correct body part.

머리
목
어깨
팔
손
가슴
배
허리
다리
무릎
발

[몸]

[얼굴]

눈
코
입
귀

2. 그림에 맞는 번호를 쓰세요.
   Write the number of each expression under the correct picture.

① 기침(을) 하다　　② 목이 아프다　　③ 열이 나다[있다]　　④ 콧물이 나다

(　　)

(　　)

(　　)

(　　)

문법과 표현 1 Grammar and Expression 1

1. 'ㅡ' 탈락

track 22

A 어디가 아프세요?
B 목이 아파요.

예

- 주말에 만날까요? – 이번 주말에는 좀 바**빠**요.
- 아침을 안 먹었어요. 그래서 배고**파**요.
- 아키라 씨 여동생이 예**뻐**요.
- 어제는 편지를 **썼**어요.
- 어제는 날씨가 나**빴**지만 오늘은 좋아요.

아프다 + -아요/어요
→ 아프 + -아요 → 아파요
예쁘다 + -아요/어요
→ 예쁘 + -어요 → 예뻐요

연습1 그림을 보고 친구와 같이 이야기해 보세요.
Look at the pictures and ask each other questions and respond as shown in the example.

보 기

어디가 아프세요?

목이 아파요.

아프다 to have a pain / to be sick 바쁘다 to be busy 배고프다 to be hungry 예쁘다 to be pretty 편지 letter 쓰다 to write 나쁘다 to be bad

2. V-지 마세요

track 23

A 여기에서 담배 피우지 마세요.

B 네, 알겠습니다.

예

- 좀 늦을 거예요. 기다리**지 마세요**.
- 아이스크림을 많이 먹**지 마세요**.

연습1 박물관입니다. [보기]와 같이 말해 보세요.

Create a sentence for each sign in the museum as shown in the example.

보 기

박물관에서 전화하지 마세요.

네, 알겠습니다.

담배를 피우다 to smoke a cigarette 알겠다 to get it 늦다 to be late

말하기 1 Speaking 1

track 24

의 사　여기 앉으세요. 어떻게 오셨어요?
줄리앙　감기에 걸렸어요.
의 사　어디가 아프세요?
줄리앙　목이 많이 아파요.
의 사　언제부터 아프셨어요?
줄리앙　지난주 토요일부터요.
의 사　요즘 감기가 유행이에요. 약을 드시고 집에서 푹 쉬세요.
　　　그리고 말을 많이 하지 마세요.
줄리앙　네, 알겠습니다.

앉으세요
[안즈세요]

알겠습니다
[알겓씀니다]

연습1 친구와 연습해 보세요. Practice with your partner.

	1)	2)	3)	4)
	목이 많이 아프다	콧물이 많이 나다	기침을 많이 하다	열이 많이 나다
	토요일	월요일	목요일	금요일
	말을 많이 하다	오래 목욕하다	담배를 피우다	술을 마시다

감기에 걸리다 to get a cold　유행이다 to be prevalent / to be spread　약 medication　푹 쉬다 to rest deeply　말(을) 하다 to speak　오래 for a long time　목욕하다 to take a bath　술 alcoholic drink

연습2 환자와 의사가 되어 이야기해 보세요.
Take the role of a patient or a doctor, and practice the dialogues below.

환자

의사

O	×

씻다 to wash 따뜻한 물 warm water 얼음물 ice water

문법과 표현 2 Grammar and Expression 2

1. N만

track 25

A 학생들이 모두 왔어요?

B 아니요, 스티븐 씨만 왔어요.

예

- 커피**만** 마셨어요? – 아니요, 빵도 먹었어요.
- 여동생이 있어요? – 아니요, 남동생**만** 두 명 있어요.
- 이 꽃은 한국에**만** 있어요.

연습1 친구와 이야기해 보세요.
Complete the sentences with your partner.

우리 교실에서 (선생님)만 한국 사람이세요.

(　　　　　　)은/는 커피만 마셔요.

(　　　　　　)은/는 주말에만 시간이 있어요.

(　　　　　　)은/는 여동생 / 남동생만 있어요.

(　　　　　　)은/는 (　　　　　　)만 좋아해요.

(　　　　　　)은/는 한국에만 있어요.

______________________________.

2. V-아야/어야 되다

track 26

A 같이 농구할까요?

B 미안해요. 공부해야 돼요.
시험이 있어요.

예

- 선생님, 내일도 병원에 **와야 돼요**? – 네, 내일도 오세요.
- 집에 가서 청소**해야 돼요**. 저녁에 손님이 오세요.
- 밥 먹고 약을 먹**어야 돼요**.

되다 + -어요
→ 되어요 → **돼요**

연습1 친구와 이야기해 보세요.
Make a to-do list for each situation with your partner.

뭘 해야 돼요?

청소를 해야 돼요.

이번 주말에 우리 집에서 생일 파티를 할 거예요. 뭘 해야 돼요?

내년에 결혼할 거예요. 뭘 해야 돼요?

방학에 여행을 갈 거예요. 뭘 해야 돼요?

손님 guest 내년 next year 결혼하다 to marry

말하기 2 Speaking 2

track 27

켈 리 줄리앙 씨, 감기는 어때요? 지금도 많이 아파요?

줄리앙 지금은 괜찮아요. 기침만 조금 해요.

켈 리 다행이네요. 오늘도 병원에 가야 돼요?

줄리앙 아니요, 오늘은 안 가요.

켈 리 그럼 오후에 같이 차 마실까요?

줄리앙 미안해요. 오늘은 공부해야 돼요. 내일 시험이 있어요.

켈 리 그래요? 그럼 다음에 만나요. 너무 무리하지 마세요.

줄리앙 네, 고마워요.

괜찮아요
[궨차나요]

연습1 친구와 연습해 보세요. Practice with your partner.

1) 기침 / 하다	2) 머리 / 아프다	3) 콧물 / 나다	4) 목 / 아프다
공부하다	공항에 가다	할아버지 댁에 가다	리포트를 쓰다
내일 시험이 있다	어머니가 한국에 오다	할아버지 생신이다	내일까지 내야 되다

연습2 왜 시간이 없어요? 뭐 해야 돼요? 친구와 이야기해 보세요.
How come you have no time? What should you do? Practice conversations with your partner.

오늘 바빠요?
같이 영화 볼까요?

미안하지만 오늘은 시간이 없어요.
아르바이트해야 돼요.

그럼 내일은 어때요?

내일은 대사관에 가야 돼요.

그래요? 그럼 다음에 만나서
같이 영화 봐요.

네, 그래요.

아르바이트 / 대사관 / 고향 친구 / 리포트 / 병원 / ?

괜찮다 to be okay　다행이다 to be fortunate / that's good　너무 too　무리하다 to overdo　생신 birthday (honorific expression)　리포트 report　내다 to submit

듣고 말하기 Listening and Speaking

준비 어디가 아파요?
Where does it hurt?

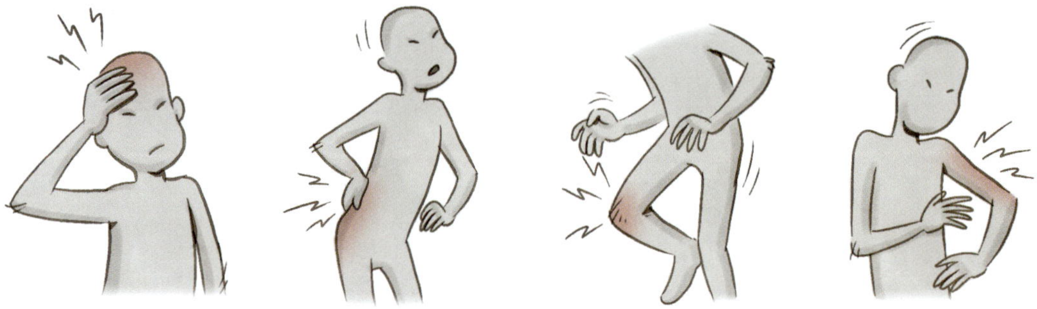

듣기1 잘 듣고 알맞은 그림을 고르세요. track 28
Listen carefully and choose the correct pictures.

1) (① , ②)　　2) (,)
3) (,)　　4) (,)
5) (,)

①

②

③

④

⑤

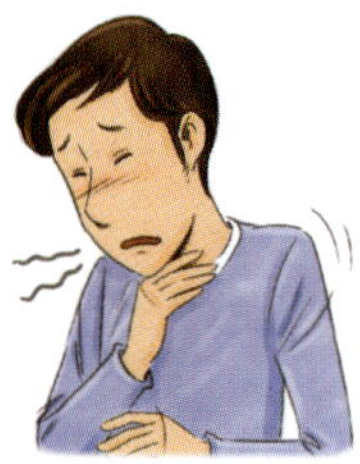
⑥

⑦

⑧

⑨

⑩

준비 감기에 걸렸어요. 그러면 어디가 아파요?
What are the symptoms when you catch a cold?

듣기2 잘 듣고 맞는 것을 고르세요. track 29
Listen carefully and choose the correct answer.

1) 나나는 어디가 아파요? 모두 고르세요.

① 

② 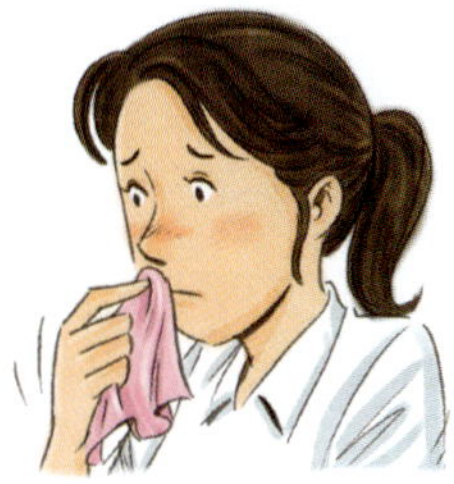

③ 

2) 맞는 것을 고르세요.

① 마리코는 지금 많이 아파요.

② 나나는 오늘 병원에 갈 거예요.

③ 나나는 푹 쉬고 물을 많이 마셔야 돼요.

말하기 여러분은 어디가 아팠어요? 그래서 어떻게 했어요? 친구와 이야기해 보세요.
Which symptoms have you had before? How did you treat the symptoms? Talk about your experiences with your partner.

○○ 씨, 얼굴이 안 좋아요.
어디 아파요?

네, 머리가 좀 아파요.

아, 그래요?
저도 지난주에 머리가 아팠어요.

△△ 씨도 머리가 아팠어요?
지금은 어때요? 괜찮아요?

네, 괜찮아요.
약도 먹고 주말에는 공부도 안 하고 쉬었어요.
○○ 씨도 오늘은 일하지 마세요.

네, 알겠어요.
고마워요.

읽고 쓰기 Reading and Writing

준비 요즘 걱정이 있어요? 무슨 걱정이에요?
Is something worrying you these days? What's the matter?

읽기 다음을 읽고 질문에 답하세요.
Read and answer the following questions.

웨이

저는 학교에 자주 늦어요.
오늘 아침에도 7시에 시계의 알람을 들었지만 끄고 잤어요.
그래서 학교에 9시 30분에 왔어요.
어떻게 해야 돼요?

니콜

저는 친구가 없어요.
그래서 걱정이에요.
주말에 텔레비전만 봐요.
밥도 혼자 먹어요.
매일 심심해요.
어떻게 해야 돼요?

왕양

한국어 발음이 너무 어려워요.
식당에 가서 "모두 네 명이에요." 했어요.
그런데 아주머니가 냉면 네 그릇을 주셨어요.
어떻게 해야 돼요?

제인

제 남자 친구는 게임을 좋아해요.
어제 남자 친구는 시험 공부를 해야 됐어요.
그렇지만 밤 12시까지 피시방에서 게임만 했어요.
그래서 남자 친구와 싸웠어요.
어떻게 해야 돼요?

알람 alarm 끄다 to shut off 걱정 worry 발음 pronunciation 피시방 Internet Cafe 싸우다 to fight

1) 맞는 것을 연결하세요.

①  웨이 •　　　　• ⓐ 

②  니콜 •　　　　• ⓑ 

③  왕양 •　　　　• ⓒ 

④  제인 •　　　　• ⓓ 

2) 맞는 것을 모두 고르세요.

① 웨이는 오늘만 학교에 늦었어요.

② 니콜은 매일 바빠요. 그래서 친구를 안 만나요.

③ 왕양은 한국어 발음이 나빠요.

④ 제인의 남자 친구는 어제 시험 공부를 안 했어요.

쓰기 친구들의 걱정을 읽고 하나를 골라 답글을 써 보세요.

Pick one of the worries above and write an advice column.

–으세요/세요

–지 마세요

–아야/어야 돼요

__________ 씨! 이렇게 하세요.

____

____

____

____

____

____

이렇게 this way / like this

과제 Task

다음 그림을 어디에서 봤어요? 어떻게 해야 돼요?
Where have you seen the following signs? What should you do?

친구들과 함께 안내문을 만들어 보세요.
Create a notice or sign with your classmates for the following places.

- 병원
- 교실
- 지하철
- 극장
- 기숙사
- ______

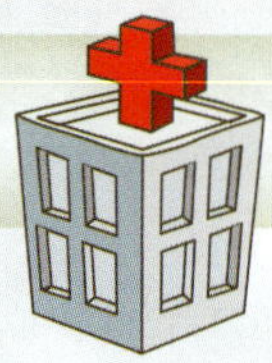

병원에서…

1. 휴대폰을 꺼야 합니다.
2. 담배를 피우지 마세요.
3.
4.
5.

친구들 앞에서 안내문을 발표해 보세요.
Present your notice or sign to the class.

문화 산책 Culture Note

준비 여러분은 감기에 걸리면 어떻게 해요? What do you do when you catch a cold?

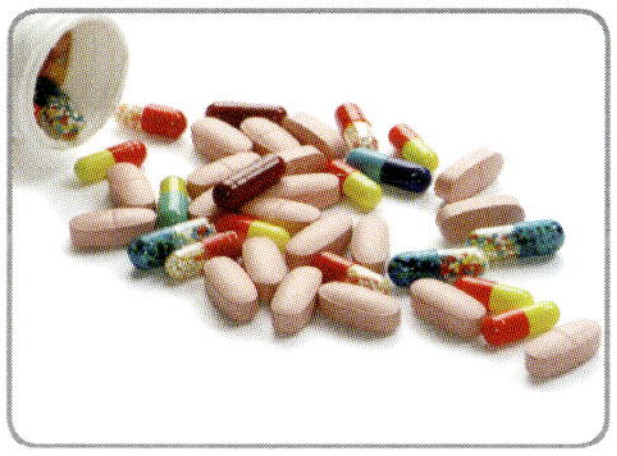

알아보기 감기에 걸렸어요. 어떻게 해야 돼요?

1) 코감기에 걸렸어요.

→ 파를 코에 붙이세요.

2) 목감기에 걸렸어요.

→ 소금물로 입과 목을 헹구세요.

3) 기침감기에 걸렸어요.

→ 무즙을 드세요.

4) 몸살감기에 걸렸어요.

→ 목 뒤를 마사지하세요.

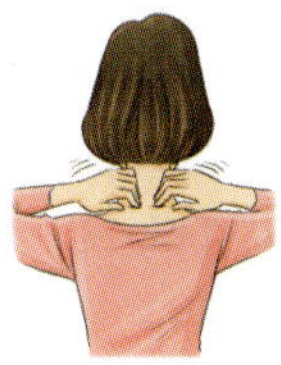

생각 나누기 여러분 나라에서는 어떻게 해요?
Are there some home remedies for colds in your country?

파 green onion　붙이다 to put on　소금물 salt water　헹구다 to gargle　무즙 radish juice　몸살 aches and pains due to the flu　마사지하다 to massage

발음 Pronunciation

준비 들어 보세요. track 30
Listen to the following.

1) 좋고
2) 괜찮지만
3) 축하해요
4) 복잡해요

규칙 'ㅎ'은 앞이나 뒤에 오는 자음에 따라 발음이 달라집니다.
'ㅎ' is pronounced differently according to the consonants that proceed or follow it.

1)
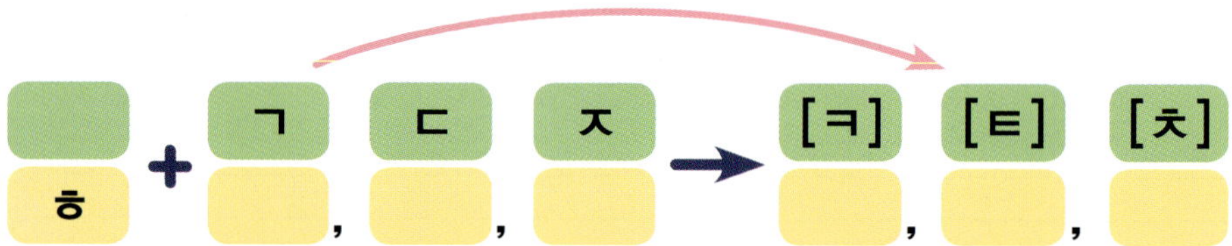

예] 어떻게[어떠케] / 좋다[조타] / 많지요[만치요]

2)
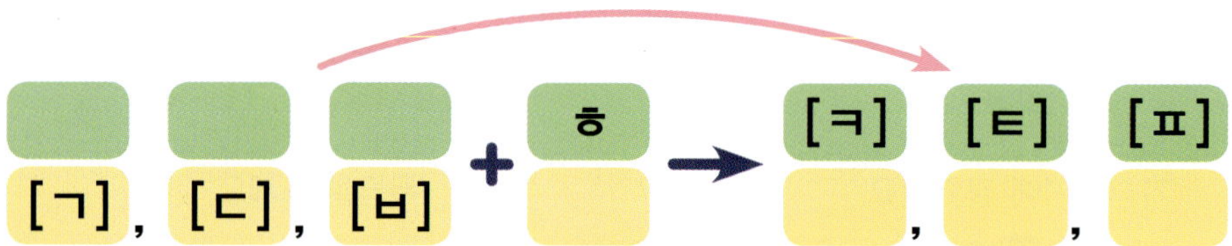

예] 백화점[배콰점] / 따뜻해요[따뜨태요] / 입하고[이파고]

연습 잘 듣고 따라 해 보세요. track 31
Listen carefully and repeat the following sentences.

1) 교실이 참 따뜻하고 깨끗하네요.
2) 날씨가 좋지만 더워요.
3) A 뭘 드릴까요?
   B 비빔밥하고 냉면 주세요.
4) A 외국 학생이에요?
   B 네, 미국 학생이에요.

자기 평가 Self-Check

1. 아는 단어에 ✓ 하세요.
   Check all the words that you know.

☐ 머리	☐ 어깨	☐ 무릎
☐ 손	☐ 발	☐ 기침(을) 하다
☐ 목이 아프다	☐ 콧물이 나다	☐ 감기에 걸리다

2. 알맞은 것을 골라 대화를 완성하세요.
   Fill in each blank using the correct word from the box.

쓰다	바쁘다	아프다	배고프다

1) 어디가 (   )세요? – 머리가 (   )요.

2) 아침을 안 먹었어요. (   )요. – 그럼 이 빵을 좀 드세요.

3. 그림을 보고 대화를 완성하세요.
   Look at the pictures and complete each dialogue.

1) A 여기에서 ____________________.
   B 네, 알겠습니다.

2) A 주말에 영화를 볼까요?
   B 미안해요. 월요일에 시험이 있어요.
   ____________________.

정답

2. 1) 아파, 아파 2) 배고파 3. 1) 음식을 먹지 마세요 2) 공부해야 돼요

번 역 Translation

어휘

가슴	chest
다리	leg
머리	head
목	neck
몸	body
무릎	knee
발	foot
배	stomach
손	hand
어깨	shoulder
팔	arm
허리	waist
귀	ear
눈	eye
얼굴	face
입	mouth
코	nose

기침(을) 하다	to cough
목이 아프다	to have a sore throat
열이 나다[있다]	to have a fever
콧물이 나다	to have a runny nose

말하기 1

Doctor Please have a seat right here. What brings you here?

Julian I've caught a cold.

Doctor Where does it hurt?

Julian I have a sore throat.

Doctor When did it start?

Julian Last Saturday.

Doctor There is a cold going around these days. Take your medication and rest deeply at home. And try not to talk too much.

Julian Okay, I've got it.

말하기 2

Kelly Julian, how's your cold? Are you still sick?

Julian I feel better now. I just have a little cough.

Kelly Good. Do you have to go to the doctor today?

Julian No, I don't go today.

Kelly Then shall we have tea together this afternoon?

Julian I am sorry. I have to study today. I have a test tomorrow.

Kelly Really? Then let's meet next time. Don't work too hard.

Julian Okay, thanks.

12 여보세요
Hello

학습목표

어 휘	• 전화번호 Telephone Number • 전화 Telephone
문법과 표현 1	• A/V-지요? N(이)지요? • V-고 있다
말하기 1	• 전화하기 Talking on the phone
문법과 표현 2	• 못 V • A/V-아서/어서
말하기 2	• 이유 표현하기 Expressing reasons
듣고 말하기	• 전화번호 듣기 Listening to telephone numbers • 전화 대화 듣기 Listening to a telephone conversation • 학교에 못 가는 이유 말하기 Saying the reason you could not go to school
읽고 쓰기	• 문자 읽기 Reading a text message • 답장 보내기 Replying to a text message
과 제	• 전화로 정보 알아내기 Asking information by telephone
문화 산책	• 긴급 전화 Emergency call
발 음	• '못'의 발음 Pronunciation of '못'

어 휘 Vocabulary

1. 전화번호가 어떻게 되세요? 전화번호를 말해 보세요.
What's your phone number? Say your phone number.

전화번호

서울대학교 전화번호가 몇 번이에요?

공이(의) 팔팔공(의) 오사팔팔이에요.

휴대폰 번호가 어떻게 되세요?

공일공(의) 공이오육(의) 팔칠일칠이에요.

휴대폰 번호

휴대폰 번호가 어떻게 되세요?

제 번호는…….

2. 전화할 때 무슨 말을 해요?
What do you say when you talk on the phone?

여보세요.

실례지만 누구세요?

3. 그림에 맞는 번호를 쓰세요.
Write the number of each expression next to the matching picture.

① 문자를 받다

② 문자를 보내다

③ 전화를 받다

④ 전화(를) 하다

문법과 표현 1 Grammar and Expression 1

1-1. A/V-지요?

track 32

A 요즘 잘 지내지요?

B 네, 잘 지내요.

예

- 샤오밍 씨, 농구를 좋아하**지요**? – 네, 아주 좋아해요.
- 오늘은 날씨가 춥**지요**? – 네, 추워요.
- 커피 두 잔 드셨**지요**? – 네, 두 잔 마셨어요.

연습1 여러분이 알고 있는 것이 맞는지 [보기]와 같이 친구들에게 확인해 보세요.
Confirm things that you know about your classmates as shown in the example.

보 기

1-2. N(이)지요?

track 33

A 유진 씨 휴대폰이지요?

B 네, 그렇습니다.

예

- 켈리 씨, 이거 켈리 씨 모자**지요**? – 네, 제 모자예요.
- 거기 김 선생님 댁**이지요**? – 네, 그렇습니다.

받침 X + 지요?
받침 O + 이지요?

A 스티븐 씨 전화번호가 몇 번이지요?

B 010–0251–3338이에요.

예

- 모두 얼마**지요**? – 12,000원입니다.
- 오늘이 무슨 요일**이지요**? – 수요일이에요.

연습1 그림을 보고 [보기]와 같이 이야기해 보세요.
Look at the picture and practice dialogue as shown in the example.

보 기

마리코 씨는 일본 사람이지요?

네, 일본 사람이에요.

- 이름 : 줄리앙
- 나이 : 25살
- 생일 : 3월 12일
- 국적 : 프랑스
- 고향 : 파리
- 전화번호 : 010–0345–1297

- 이름 : 마리코
- 나이 : 30살
- 생일 : 8월 7일
- 국적 : 일본
- 고향 : 오사카
- 전화번호 : 010–0987–6305

그렇습니다 that's right

2. V-고 있다

track 34

A 지금 뭐 해요?

B 요리하고 있어요.

예

- 지금 뭐 해요? – 점심 먹**고 있어요**.
- 저는 요즘 한국어를 배우**고 있어요**.
- 어머니는 지금 전화하**고 계세요**.

연습1 그림을 보고 [보기]와 같이 이야기해 보세요.
Look at the picture and practice dialogue as shown in the example.

보 기

아키라 씨는 뭐 하고 있어요?

자고 있어요.

말하기 1 Speaking 1

track 35

유 진	여보세요. 마리코 씨 휴대폰이지요? 저 유진이에요.
마리코	아, 유진 씨, 오랜만이에요. 잘 지내지요?
유 진	네, 잘 지내요. 마리코 씨, 지금 전화 괜찮아요?
마리코	네, 괜찮아요. 요리하고 있어요. 그런데 무슨 일이에요?
유 진	마리코 씨, 아키라 씨 사무실 전화번호 알아요?
마리코	네, 알아요.
유 진	전화번호가 몇 번이지요?
마리코	잠깐만요. 3588-9102예요.
유 진	고마워요.
마리코	뭘요. 우리 다음에 봐요.
유 진	네. 그럼 안녕히 계세요.

연습1 친구와 연습해 보세요.
Practice with your partner.

1)	2)	3)	4)
요리하다	텔레비전 보다	청소하다	책 읽다
아키라 씨 사무실	지연 씨 집	김 선생님 댁	샤오밍 씨
3588-9102	679-5340	4283-4719	010-0208-3456

오랜만이에요 It's been a long time 일 matter 사무실 office 뭘요 no problem

연습2 친구와 전화로 이야기해 보세요.
Talk on the phone with your partner.

______________ 알아요?

잠깐만요. ______________.

민수 씨 휴대폰 번호?	켈리 씨 생일?	학교 전화번호?	______________?
10월 17일	______________	209-8845	010-1774-0163

문법과 표현 2 Grammar and Expression 2

1. 못 V

track 36

A 주말에 등산 가요?

B 아니요, 못 가요.

예

- 저는 김치를 **못** 먹어요.
- 피곤해요? – 네, 어제 잠을 **못** 잤어요.
- 어제 쇼핑했어요? – 아니요, **못** 했어요.

연습1 [보기]와 같이 이야기해 보세요.
Create a dialogue as shown in the example.

보 기

	친구 1	친구 2	친구 3
1) 숙제를 했어요?			
2) 결혼했어요?			
3) 어제 친구 만났어요?			
4) 술을 마셔요?			
5) 서울에서 운전을 해요?			
6) ____________________?			

맛없다 to taste bad

2. A/V-아서/어서

track 37

A 왜 전화를 안 받았어요?
B 회의하고 있어서 못 받았어요.

예

- 요즘 일이 많**아서** 너무 피곤해요.
- 왜 버스를 안 타요? – 길이 복잡**해서** 안 타요.
- 비가 많이 **와서** 여행을 못 갔어요.
- 조금 전에 빵을 먹**어서** 밥을 안 먹어요.

연습1 그림을 보고 [보기]와 같이 이야기해 보세요.

Create a dialogue for each picture as shown in the example.

보 기

왜 고향에 안 가요?

일이 많아서 못 가요.

시간이 없어서 못 가요.

돈이 없다

아프다

날씨가 춥다

커피를 마시다

음식이 맛있다

시험이 있다

일이 많다

늦잠을 자다

눈이 많이 오다

?
____

1) 왜 어제 학교에 안 왔어요?
2) 왜 요즘 운동을 안 해요?
3) 왜 잠을 못 잤어요?
4) 주말에 같이 영화 볼까요?
5) 왜 그 식당에 자주 가요?
6) ______________________?

왜 why　조금 전 a little while ago　늦잠 oversleeping / late rising

말하기 2 Speaking 2

track 38

직 원	네, 월드여행사입니다.
유 진	여보세요. 거기 월드여행사지요? 스도 아키라 씨 계십니까?
직 원	아키라 씨요? 잠깐만 기다리세요.
	⋮
아키라	네, 스도 아키라입니다.
유 진	아키라 씨, 저 유진이에요. 휴대폰을 안 받아서 전화했어요.
아키라	아, 유진 씨. 아까 회의를 하고 있어서 못 받았어요. 미안해요.
유 진	괜찮아요. 오늘 스티븐 씨 생일 파티에 올 거죠?
아키라	그럼요. 여섯 시 반, 강남역이지요? 그런데 저는 일이 많아서 삼십 분쯤 늦을 거예요.
유 진	아, 그래요? 알겠어요. 그럼 이따 봐요.
아키라	네, 이따 봐요.

연습1 친구와 연습해 보세요. Practice with your partner.

1)	2)	3)	4)
회의를 하다	다른 전화를 받다	사장님과 이야기하다	손님을 만나다
6시 반 / 강남역	7시 / 명동	7시 반 / 신촌	8시 / 홍대입구
일이 많다	병원에 가야 되다	선물을 사야 되다	다른 약속이 있다

여행사 travel agency 아까 a while ago 그럼요 sure 이따 later 다른 another

연습2 여러분은 왜 휴대폰을 못 받았어요? 이야기해 보세요.
Why couldn't you answer your cell phone? Talk about the reasons.

여보세요.
○○ 씨, 조금 전에 전화했지요?

네, 제가 전화했어요.
왜 전화를 안 받았어요?

미안해요.
수업 듣고 있어서 못 받았어요.

아, 그래요?

그런데 무슨 일이에요?

·
·
·

듣고 말하기 Listening and Speaking

준비 국가 번호를 알아요?
Do you know about country codes? How many country codes do you know?

82 1 81 86 61 44 1 84 66 976

듣기 1 잘 듣고 써 보세요. track 39
Listen carefully and write the phone numbers.

Phone Note

1) 켈리	☎ ☐☐☐ - ☐☐☐☐ - ☐☐☐☐
2) 서울대학교	☎ ☐☐☐ - ☐☐☐☐
3) 헬로우 피자	☎ ☐☐☐ - ☐☐☐☐
4) 미유키 집	☎ ☐☐ - ☐ - ☐☐☐ - ☐☐☐☐

준비 한국어로 문자를 보내요? 선생님께 문자를 보내 보세요.
Do you send a text message in Korean? Send a text message to your teacher.

선생님, 우리 반 친구들하고 같이 커피 마실까요?

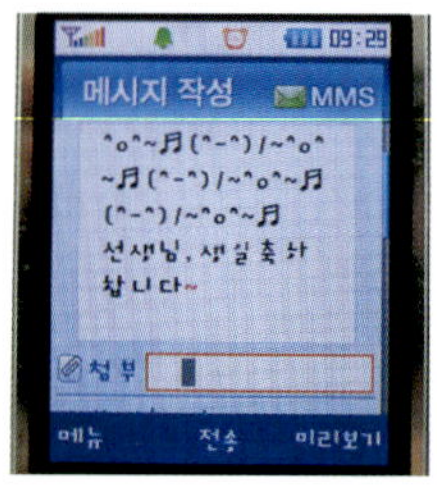

선생님, 생일 축하합니다.

듣기 2 잘 듣고 맞는 것을 고르세요. track 40
Listen carefully and choose the correct answer.

1) 마리코는 왜 파티에 못 가요?

①

②

③
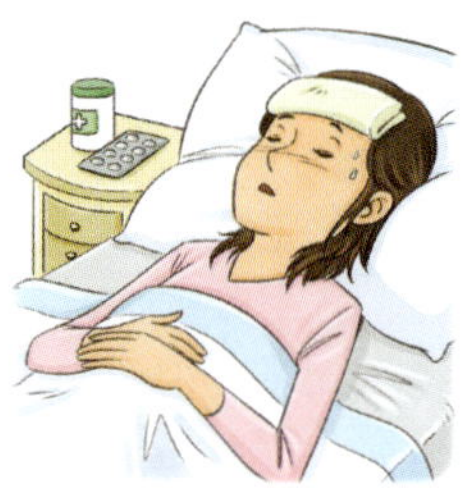

2) 맞는 것을 고르세요.

① 마리코는 생일 파티 문자를 보냈어요.

② 목요일에 줄리앙의 생일 파티가 있어요.

③ 켈리와 샤오밍도 생일 파티에 갈 거예요.

말하기 내일 학교에 갈 수 없습니다. 선생님께 전화해 보세요.

You can't go to school tomorrow. Call your teacher.

여보세요.
김 선생님 휴대폰이지요?

네. 실례지만 누구세요?

선생님, 저 ________________.

네. 그런데 무슨 일이에요?

머리가 아파서
저는 내일 학교에 못 가요.

아. 그래요?

읽고 쓰기 Reading and Writing

준비 전화를 많이 해요? 문자를 많이 보내요?
Do you more often call or text?

읽기 다음을 읽고 질문에 답하세요.
Read the text messages and answer the following questions.

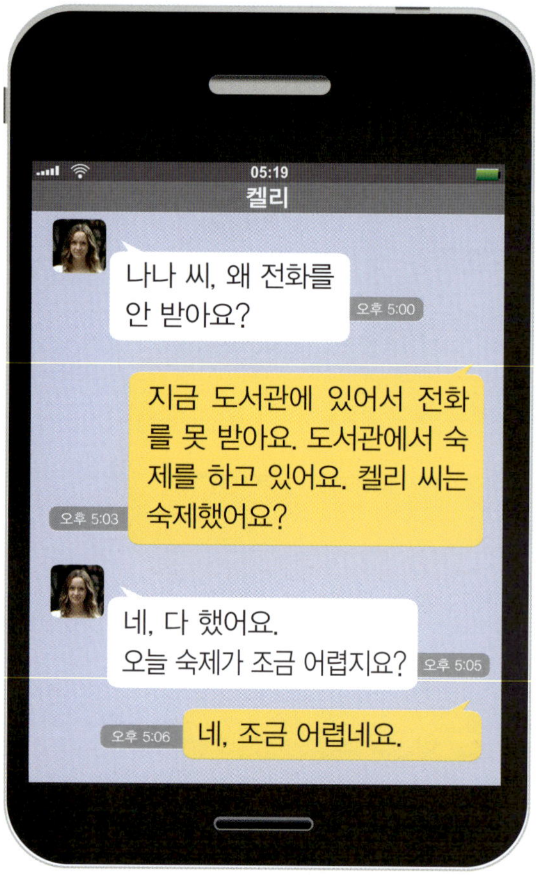

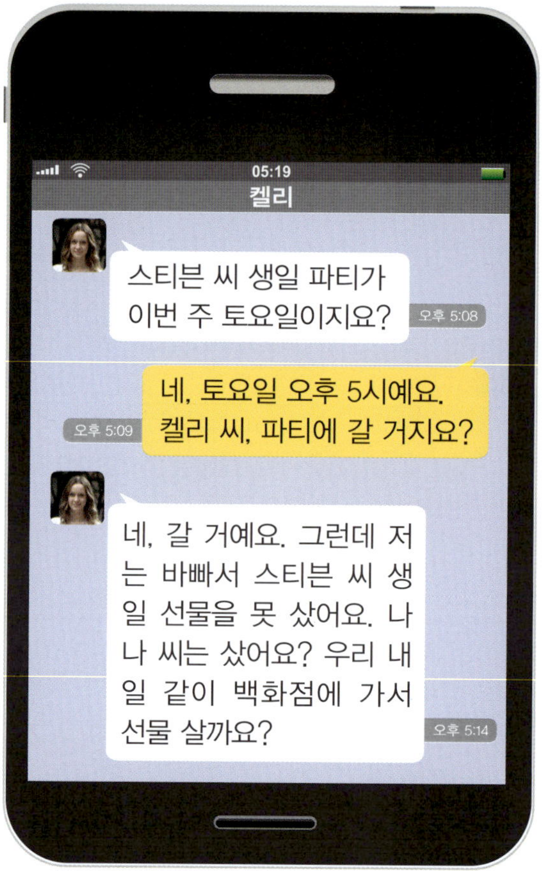

1) 나나는 지금 뭐 해요?

① 

② 

③ 

2) 맞는 것을 고르세요.

① 켈리는 나나가 전화를 안 받아서 문자를 보냈어요.

② 켈리는 숙제가 어려워서 못 했어요.

③ 켈리는 스티븐의 생일 파티에 못 가요.

다 all

쓰기 나나는 내일 켈리와 같이 백화점에 못 갑니다. 왜 못 갑니까? 여러분이 나나가 되어 켈리에게 문자를 보내세요. Nana can't go to the department store with Kelly tomorrow. Why can't she go? Assume you are Nana, and text Kelly explaining why you cannot go.

과제 Task

친구에게 전화해 보세요. Call your classmates.

선생님한테 카드를 받으세요. 그리고 친구에게 할 질문을 쓰세요. (카드 → p.200)
You will receive a card from your teacher. Write questions to ask your classmates.

4

? 약속 장소?
:

? 지금 뭐 해요 ?
:

유진 씨 생일
: 10월 24일

친구에게 전화해서 물어보세요.
Call your classmate and ask the questions.

여보세요. 스티븐 씨 휴대폰이지요?

네, 저예요. 무슨 일이에요, 줄리앙 씨?

약속 장소를 몰라서 전화했어요.
약속 장소가 어디지요?

강남역이에요.

아, 네. 고마워요.
그런데 지금 뭐 해요?

컴퓨터 하고 있었어요.

아, 그래요? 그럼 내일 만나요.
안녕히 계세요.

네, 내일 만나요.

누구하고 전화했어요? 무슨 이야기를 했어요?
Whom did you talk to? What did you talk about?

저는 스티븐 씨하고 전화했어요.
약속 장소를 몰라서 전화했어요.
약속 장소는…….

장소 location　몰라서 because I don't know

문화 산책 Culture Note

준비 사고가 났어요. 어떻게 할 거예요?
You were in an accident. What would you do?

알아보기

집에 도둑이 들었어요.

차 사고가 났어요.

112에 전화하세요.

불이 났어요.

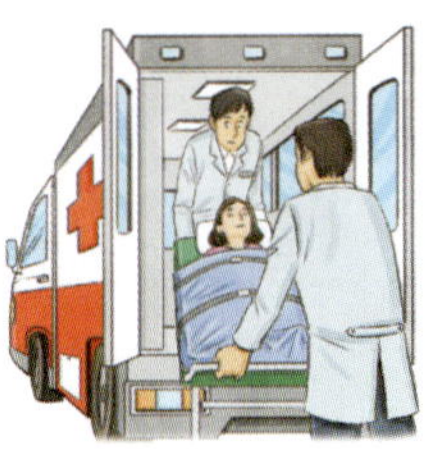

친구가 많이 아파요.

119에 전화하세요.

생각 나누기 여러분 나라에도 이런 번호가 있어요? 몇 번이에요?
Do you have telephone numbers like this in your country? What's the number?

도둑이 들다 a burglar breaks in 사고가 나다 an accident occurs 불이 나다 a fire breaks out

발음 Pronunciation

준비 들어 보세요. track 41
Listen to the following.

1) 못 와요
2) 못 가요
3) 못 마셔요
4) 못해요

규칙 '못'의 발음에 주의하세요.
Pay attention to the pronunciation of '못'.

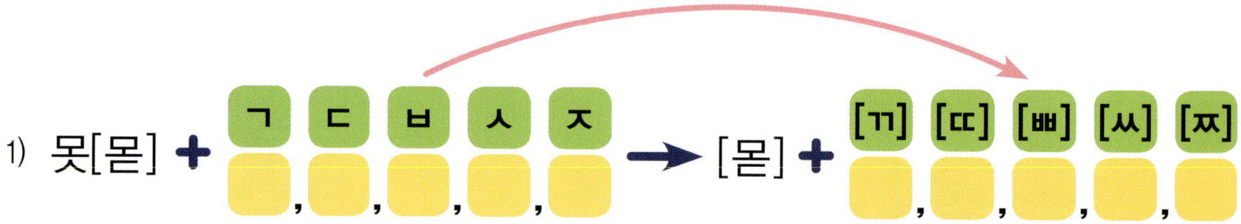

예] 못 가요[몯까요] / 못 들어요[몯뜨러요] / 못 봐요[몯뽜요] / 못 사요[몯싸요] / 못 자요[몯짜요]

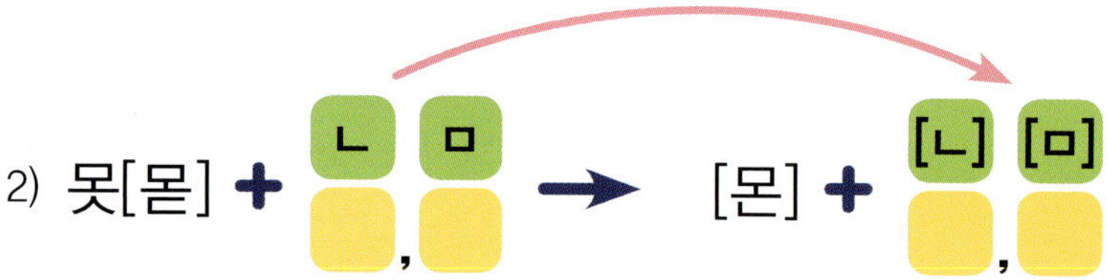

예] 못 내려요[몬내려요] / 못 먹어요[몬머거요]

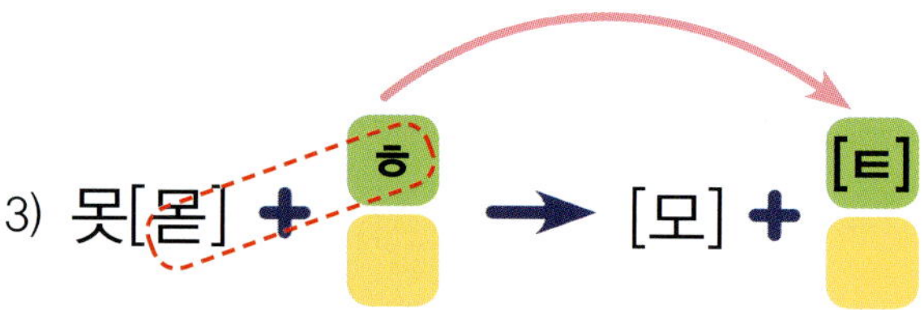

예] 못해요[모태요]

연습 잘 듣고 따라 해 보세요. track 42
Listen carefully and repeat the following sentences.

1) 아파서 친구를 못 만났어요.
2) 저는 수영을 못해요.
3) A 아침에 뉴스를 들었어요?
   B 아니요, 못 들었어요.
4) A 피곤해요?
   B 네, 어제 잠을 못 잤어요.

자기 평가 Self-Check

1. 아는 단어에 ✓ 하세요.
   Check all the words that you know.

□ 공(0)	□ 전화번호	□ 전화(를) 받다
□ 휴대폰 번호	□ 문자(를) 보내다	□ 문자(를) 받다
□ 여보세요	□ 늦잠을 자다	□ 왜

2. 알맞은 것을 골라 대화를 완성하세요.
   Fill in each blank using the correct ending from the box.

이지요	지요

1) 거기 정우 씨 집(　　　　)? – 네, 실례지만 누구세요?

2) 유진 씨, 언니가 있(　　　　)? – 네, 언니가 한 명 있어요.

3. 그림을 보고 대화를 완성하세요.
   Look at the pictures and complete each dialogue.

1) A 지금 뭐 하고 있어요?
   B 신문 ____________.

2) A 어제 파티에 갔어요?
   B 아니요, 숙제가 ________ 못 갔어요.

정답
2. 1) 이지요 2) 지요 3. 1) 읽고 있어요 2) 많아서

번 역 Translation

어휘

공	zero
실례지만 누구세요?	Excuse me, but who's calling, please?
여보세요	Hello
전화번호	phone number
휴대폰 번호	cellphone number
문자를 받다	to receive a text message
문자를 보내다	to send a text message
전화를 받다	to answer the phone
전화(를) 하다	to phone

말하기 1

Yujin Hello, is this Mariko's cellphone? This is Yujin.

Mariko Oh, Yujin. It's been a long time. How are you doing?

Yujin I am doing well. Can you talk on the phone now?

Mariko Yes, I am okay. I am cooking. So, what's up?

Yujin Mariko, do you know Akira's office phone number?

Mariko Yes, I know it.

Yujin What's the number?

Mariko Hold on a second. It's 3588-9102.

Yujin Thanks.

Mariko No problem. Let's get together sometime.

Yujin Yes, let's. Okay, bye.

말하기 2

Agent This is the World Travel Agency.

Yujin Hello, World Travel Agency? May I speak to Sudo Akira?

Agent Akira? Hold on please.

⋮

Akira This is Sudo Akira speaking.

Yujin Akira, this is Yujin. I called because you didn't answer your cellphone.

Akira Oh, I am sorry Yujin. I couldn't pick-up because I was having a meeting a while ago.

Yujin It's all right. Are you coming to Steven's birthday party today?

Akira Of course. It's at Gangnam station at 6:30, right? I'll probably be 30 minutes late because I have a lot of work.

Yujin Oh, really? Okay, then see you later.

Akira Okay, see you later.

13 서울역으로 가 주세요
Please take me to Seoul Station

학습목표

어 휘
- 교통
  Traffic

문법과 표현 1
- V–(으)려고 하다
- N에서 N까지

말하기 1
- 방학 계획 표현하기
  Expressing school vacation plans

문법과 표현 2
- V–아/어 주다
- N(으)로

말하기 2
- 요청하기
  Requesting

듣고 말하기
- 목적지에 가는 방법에 대한 짧은 대화 듣기
  Listening to the short conversations about going to a destination
- 교통편에 대해 묻고 답하는 대화 듣기
  Listening to a conversation about traffic facilities
- 대중교통 노선에 대해 말하기
  Talking about public transportation routes

읽고 쓰기
- 감사의 글 읽기
  Reading a passage about thankful experiences
- 감사의 글 쓰기
  Writing a passage about thankful experiences

과 제
- 대중교통으로 서울의 명소 찾아가기
  Visiting a famous place in Seoul by public transportation

문화 산책
- 대중교통 요금과 교통카드
  Public transportation fares and transportation cards

발 음
- 역 이름의 발음
  Pronunciation of station names

어 휘 Vocabulary

1. 그림에 맞는 번호를 쓰세요.
   Write the number of each word next to the matching picture.

① 버스
② 기차
③ 비행기
④ 배
⑤ 택시
⑥ 자전거
⑦ 지하철
⑧ 오토바이

2. 뭐 해요? 알맞게 연결하세요.
   What is the person doing? Match each picture with the correct word.

타다　　갈아타다　　내리다

3. 여기가 어디예요? 여기에서 뭘 하는지 말해 보세요.
   What are the following places? Talk about what people do at each location.

버스 정류장

기차역

고속버스 터미널

지하철역

버스 정류장에서 버스를 타요.

버스 정류장에서 버스를 기다려요.

문법과 표현 1 Grammar and Expression 1

1. V-(으)려고 하다

track 43

A 지금 뭐 해요? 일해요?

B 아니요. 비행기 표를 사려고 해요.

예

- 집에 갈 거예요? – 아니요, 명동에서 친구 만나**려고 해요**.
- 여보세요, 스티븐 씨. 지금 뭐 해요? – 밥을 먹**으려고 해요**.
- 어제 영화를 보**려고 했지만** 표가 없어서 못 봤어요.

연습1 다음 주 계획을 쓰고, [보기]와 같이 친구와 이야기해 보세요.
Write your schedule for next week and practice conversing about it with your partner as shown in the example.

보 기

월요일에 뭐 할 거예요?

영화를 보려고 해요.

무슨 영화를 보려고 해요?

월	화	수	목	금	토	일
영화 (줄리앙 / 강남)						

2. N에서 N까지

track 44

A 학교에서 집까지 가까워요?

B 아니요, 멀어요.

예

- 명동**에서** N서울타워**까지** 걸었어요.
- 여기**에서** 신촌**까지** 어떻게 가요? – 지하철을 타세요.
- 한국**에서** 중국**까지** (시간이) 얼마나 걸려요? – 두 시간쯤 걸려요.

연습1 그림을 보고 [보기]와 같이 이야기해 보세요.
Create a dialogue for each picture as shown in the example.

보 기

한국에서 일본까지 얼마나 걸려요?

두 시간쯤 걸려요.

일본 / 2시간

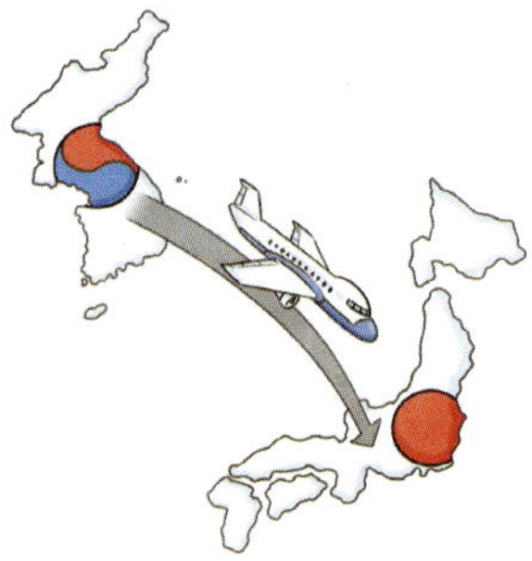

1) 태국 / 5시간 반

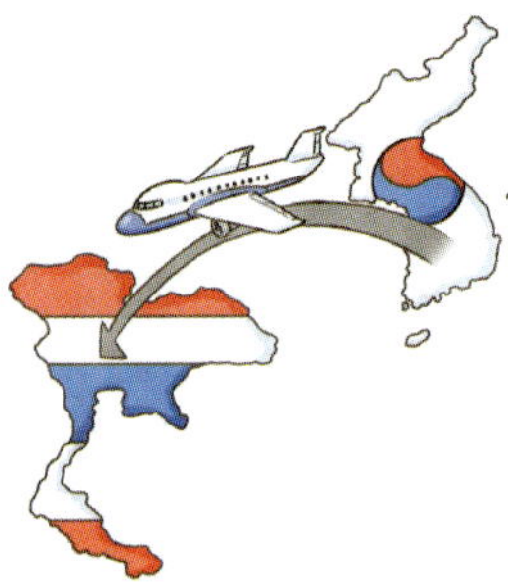

2) 호주 / 10시간

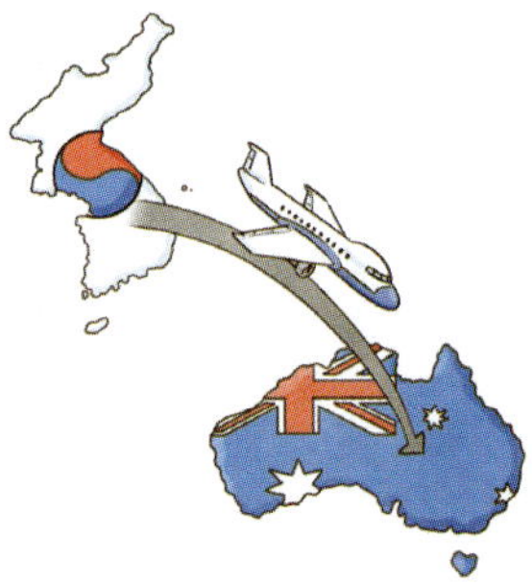

3) 멕시코 / 24시간

4) 미국 / 12시간

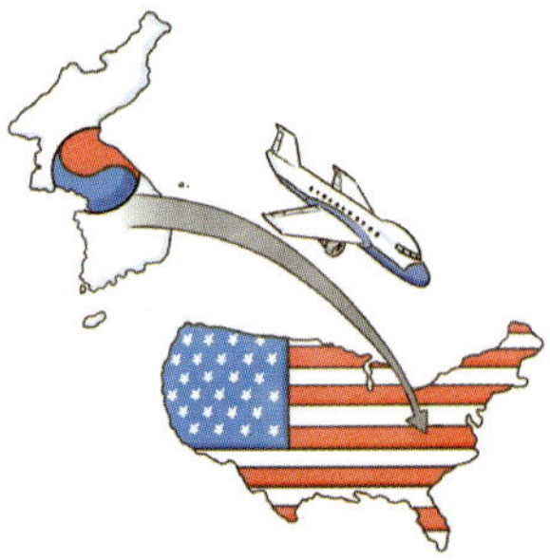

5) ○○ 씨 나라 / ___시간

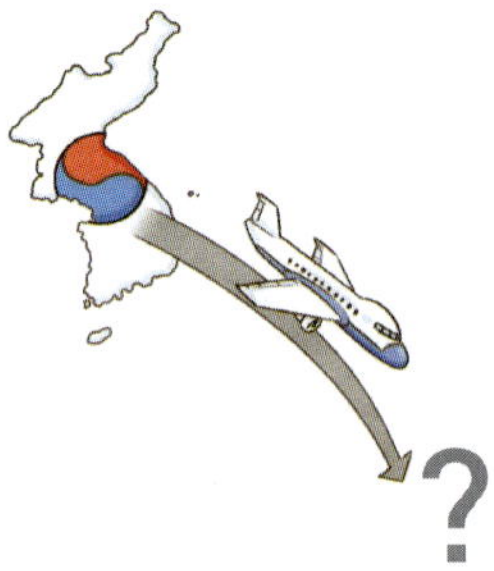

멀다 to be far　시간 hour　얼마나 how (long, much, many)　걸리다 to take (time)

말하기 1 Speaking 1

track 45

스티븐　지금 뭐 해요?
샤오밍　비행기 표를 알아보고 있어요.
스티븐　여행 갈 거예요?
샤오밍　아니요. 방학에 중국에 가려고 해요.
스티븐　네. 그런데 한국에서 중국까지 얼마나 걸려요?
샤오밍　두 시간쯤 걸려요. 스티븐 씨는 방학에 뭐 하려고 해요?
스티븐　저는 집에서 푹 쉬려고 해요.
샤오밍　그래요? 여행은 안 갈 거예요?
스티븐　네. 이번 방학에는 서울에 있을 거예요.

있을 거예요
[이쓸꺼예요]

연습1 친구와 연습해 보세요.
Practice with your partner.

1)	2)	3)	4)
중국	호주	프랑스	몽골
2시간	10시간	12시간	3시간 반
집에서 푹 쉬다	책을 좀 읽다	일본어를 배우다	아르바이트를 하다

알아보다 to look into　몽골 Mongolia

연습2 여러분은 지금 무슨 계획이 있어요? 친구와 이야기해 보세요.
Have you made any plans? Talk about your plans with your partner.

오늘 오후 | 방학 | 주말 | ?

주말에 뭐 할 거예요?

여행을 가려고 해요.

어디에 가려고 해요?

부산에 가려고 해요.

어떻게 갈 거예요?

비행기를 타고 가려고 해요.

그럼 방학에는 뭐 하려고 해요?

⋮

문법과 표현 2 Grammar and Expression 2

1. V-아/어 주다

track 46

A 뭘 사 줄까요?

B 딸기 케이크를 사 주세요.

예

- 창문 좀 닫**아 주세요**.
- 정우 씨, 한국어 숙제 좀 도**와주세요**.
- 선생님, 칠판에 **써 주세요**.
- 요즘 지연 씨가 한국 요리를 가르**쳐 줘요**.
- 동생이 울어서 노래를 **해 줬어요**.

연습1 친구와 가위바위보를 하세요. 이긴 사람은 진 사람에게 원하는 것을 이야기해 보세요.
Play rock-paper-scissors with your classmates. The winner will ask the loser to do something.

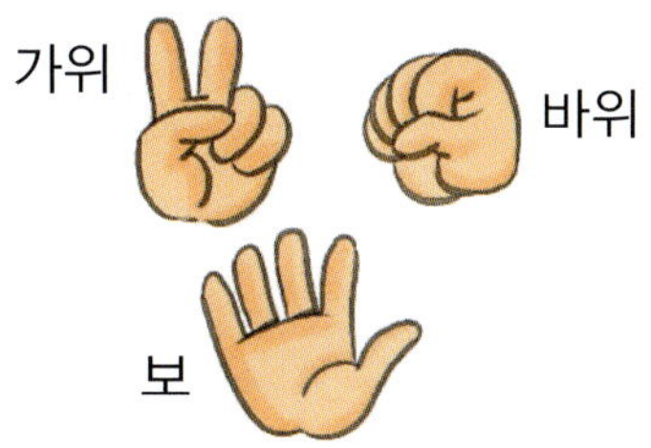

닫다 to close　돕다 to help　칠판 blackboard　울다 to cry　가위바위보 rock-paper-scissors

2. N(으)로

track 47

A 어디로 가세요?

B 서울대학교로 가 주세요.

예

- 이 버스가 서울대학교로 가요?
- 도서관이 어디에 있어요? – 앞으로 쭉 가세요.
- 교실로 갈까요?

받침 X + 로
받침 O + 으로
받침 ㄹ + 로

연습1 종이비행기를 만들어 보세요. 그리고 비행기를 날린 후에 문장을 만들어 보세요.
Make a paper airplane. Fly it and make sentences as below.

이 비행기는 ______________으로/로 가요.

쭉 straight

말하기 2 Speaking 2

track 48

기　사　어디로 가세요?
줄리앙　서울역으로 가 주세요.
기　사　외국인이시네요. 어느 나라에서 오셨어요?
줄리앙　프랑스에서 왔어요.
기　사　서울역에는 무슨 일이세요? 여행 가세요?
줄리앙　네, 친구하고 같이 부산으로 여행을 갈 거예요.
기　사　한국말을 아주 잘하시네요.
줄리앙　뭘요. 아직 잘 못해요.

⋮

줄리앙　아저씨, 저기 버스 정류장에서 세워 주세요.
기　사　네, 알겠습니다.
줄리앙　고맙습니다.

서울역으로
[서울려그로]

한국말을
[한궁마를]

연습1 친구와 연습해 보세요.
Practice with your partner.

1) 서울역 / 부산 / 버스 정류장
2) 고속버스 터미널 / 경주 / 지하철역 앞
3) 인천항 터미널 / 제주도 / 터미널 앞
4) 김포공항 / 일본 / 신호등 앞

서울역 Seoul Station　한국말 Korean language　아직 yet　세우다 to stop　경주 a city in Korea　인천항 터미널 Incheon port terminal　김포공항 Gimpo Airport　신호등 traffic light

연습2 오늘은 택시를 타고 집에 가려고 합니다. 손님과 택시 기사가 되어 이야기해 보세요.
Take the role of either a taxi driver or a customer, and practice speaking with your partner.

어서 오세요.
어디로 갈까요?

_____으로/로 가 주세요.

네, 알겠습니다.

_____까지 얼마나 걸려요?

_____쯤 걸려요.

⋮

_____에서 세워 주세요.

네, 알겠습니다.

얼마예요?

_____원입니다.

여기 있어요.
고맙습니다.

듣고 말하기 Listening and Speaking

준비 몇 번 버스를 자주 타요? 어디에서 타고 어디에서 내려요?
Which bus do you ride often? Where do you catch it and where do you get off?

5513번 버스를 타요.

듣기1 잘 듣고 연결하세요. track 49
Listen carefully and match.

	① 472번 버스	ⓐ 신촌역
1) 서울대학교		
	② 602번 버스	ⓑ 보라매 공원
2) 명동		
	③ 5511번 버스	ⓒ 명동 입구
3) 미래백화점		
	④ 421번 버스	ⓓ 고속버스 터미널
4) 지연 씨 집		
	⑤ 148번 버스	ⓔ 서울대 정문
5) 꽃 시장		
	⑥ 504번 버스	ⓕ 명동역

준비 지하철 몇 호선을 자주 타요?
Which subway line do you take most often?

지하철

1호선	3호선	5호선	7호선	9호선
2호선	4호선	6호선	8호선	분당선

지하철 2호선을 자주 타요.

정문 main gate 호선 subway line

듣기2 잘 듣고 맞는 것을 고르세요. track 50

Listen carefully and choose the correct answer.

1) 샤오밍은 청계천에 어떻게 가려고 해요?

① 버스를 타고 가려고 해요.

② 지하철을 타고 가려고 해요.

③ 택시를 타고 가려고 해요.

2) 맞는 것을 고르세요.

① 506번 버스가 청계천으로 가요.

② 청계천까지 지하철을 타고 한 시간쯤 걸려요.

③ 청계천은 시청역에서 멀어요.

말하기 노선도를 보면서 [보기]와 같이 이야기해 보세요.

Look at the maps. Ask each other questions and respond as shown in the example.

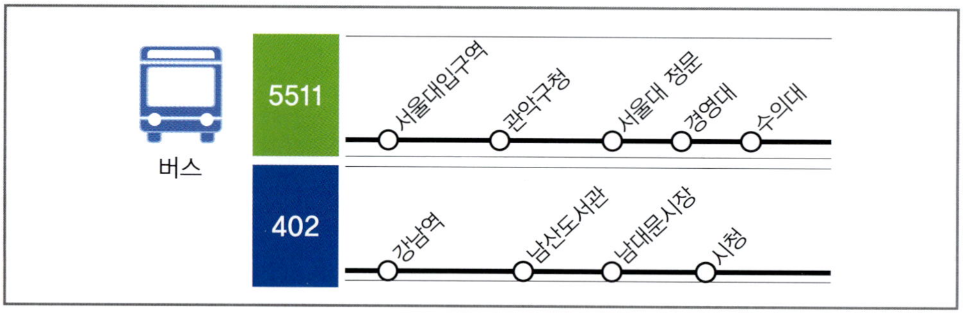

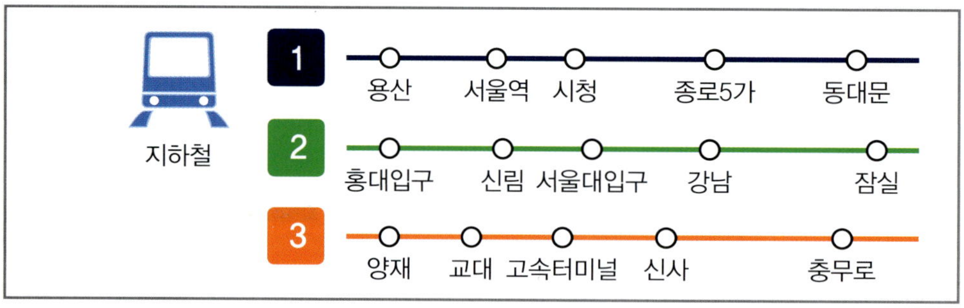

보 기

5511번 버스는 서울대 정문으로 가요?

네, 가요.

지하철 1호선은 고속터미널로 가요?

아니요, 안 가요.

읽고 쓰기 Reading and Writing

준비 여러분은 친구가 많아요? 그 친구들은 여러분에게 무엇을 해 주었어요?
Do you have many friends? What have they done for you?

읽기 다음을 읽고 질문에 답하세요.
Read the passage and answer the following questions.

친구들, 정말 고마워요!

제 이름은 나나입니다. 저는 3월에 중국에서 왔습니다. 지금 서울대학교에서 한국어를 공부하고 있습니다.

얼마 전에 저는 많이 아팠습니다. 새벽에 병원에 가려고 했지만 택시가 없었습니다. 제 룸메이트 밍밍 씨가 119에 전화도 해 주고, 구급차를 타고 같이 병원에도 가 주었습니다.

다음 날도 학교에 못 가고 집에서 쉬었습니다. 마리코 씨와 켈리 씨가 우리 집에 와서 요리도 해 주고 한국어 공부도 도와줬습니다. 그리고 약국에 가서 약도 사 주었습니다.

밍밍 씨, 마리코 씨, 켈리 씨, 정말 고마워요.

1) 친구들은 나나에게 무엇을 해 주었습니까? 모두 고르세요.

①

②

③

2) 맞는 것을 고르세요.

① 나나는 택시를 타고 병원에 갔습니다.

② 나나는 많이 아파서 학교에 못 갔습니다.

③ 나나는 마리코와 켈리를 도와주었습니다.

얼마 전 not long ago 구급차 ambulance 다음 날 next day

쓰기 여러분은 언제 힘들었어요? 그때 누가, 어떻게 도와주었어요? 써 보세요.
When have you had a difficult time? Write about who helped you and how they helped.

________ 씨, 정말 고마워요!

과제 Task

서울의 명소에 가려고 합니다. 어떻게 가야 돼요?

You would like to visit some famous attractions in Seoul. How will you get there?

어디에 가고 싶어요? 같은 곳에 가고 싶은 친구끼리 모이세요.

Where would you like to visit? Make a group of classmates who would like to go to the same place.

경복궁

동대문시장

롯데월드

홍대거리

서울대공원

서울대학교

우리는 ______________에 가려고 해요.

우리는 지금 서울대입구역에 있어요. 어떻게 갈 거예요?

We are at Seoul National University Station. How would you go to the following locations?

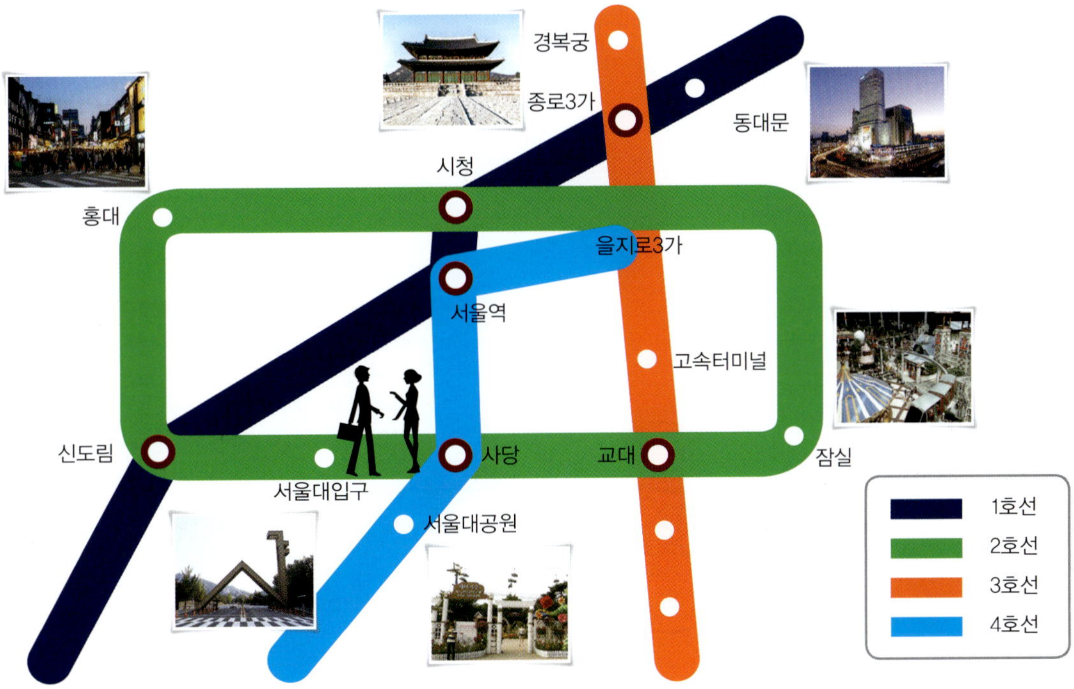

경복궁까지 어떻게 갈까요?

서울대입구역에서 지하철을 타고
교대역에서 3호선으로 갈아타야 돼요.
그리고 경복궁역에서 내려야 돼요.

집에 돌아가려고 해요. 어떻게 가야 돼요?

You would like to go back home. How will you get there?

❷ 서울대입구 → ❸ 경복궁 → ❷ 잠실

○○ 씨 집은 어디예요?

우리집은 잠실이에요.

경복궁에서 집까지 어떻게 가요?

친구들 앞에서 발표해 보세요.

Make a presentation to the class.

1) 어디에 가려고 해요?	경복궁	
2) 학교에서 ________까지 어떻게 가려고 해요?	지하철	
3) 거기에서 집까지 어떻게 가요?	지하철	
4) 얼마나 걸려요?	50분	

문화 산책 Culture Note

준비 버스에서 이 소리를 들어 봤습니까? 언제 들었습니까?
Have you heard this sound on the bus? When have you heard it?

알아 보기 한국에는 교통카드가 있습니다. 한국의 교통카드는 무엇이 좋습니까?

1. 편리합니다.

교통카드 한 장을 사용해서 버스도 타고 지하철도 탑니다. 그리고 택시도 탑니다.

버스

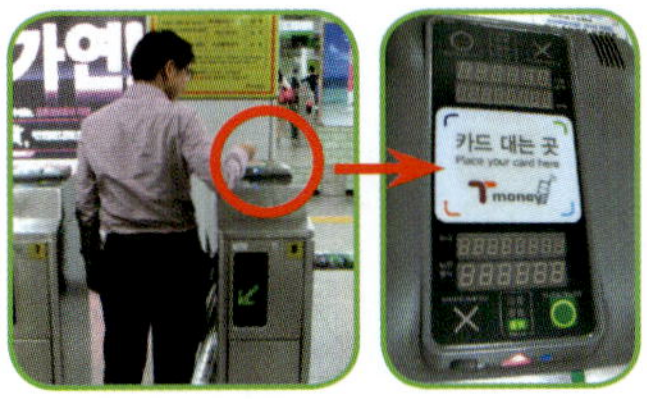

지하철

택시

2. 요금이 쌉니다.

지하철에서 내려서 30분 안에 버스로 갈아탑니다. 그러면 요금을 깎아 줍니다.

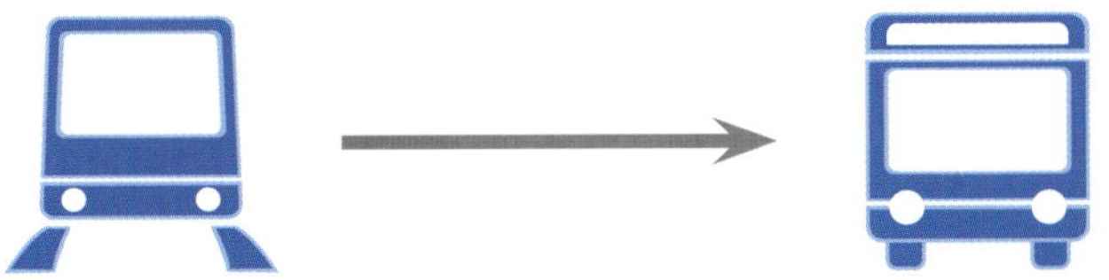

버스에서 내려서 30분 안에 다른 버스나 지하철로 갈아탑니다. 그러면 요금을 깎아 줍니다.

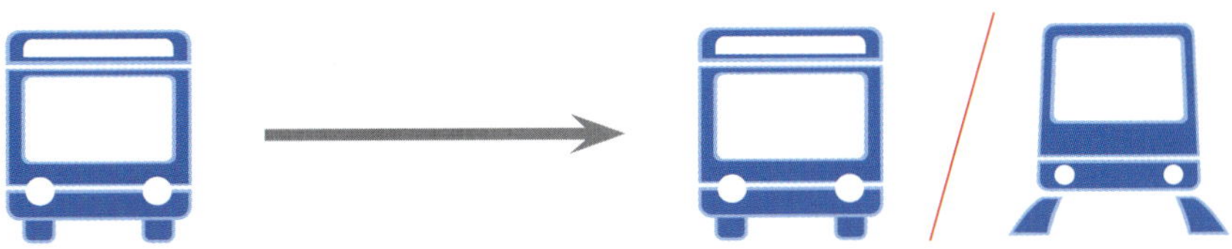

생각 나누기 여러분 고향에는 교통카드가 있습니까? 지하철, 버스를 탈 때 어떻게 돈을 냅니까? 갈아타면 요금을 깎아 줍니까?
Are there transportation cards in your country? How do you pay transportation fares? Is there a discount when you transfer?

편리하다 to be convenient　사용하다 to use　요금 fare　안에 within　그러면 in that case　깎다 to discount　나 or

발음 Pronunciation

준비 들어 보세요. track 51
Listen to the following.

1) 교대역
2) 서울역
3) 강남역

규칙 역 이름의 발음에 주의하세요.
Pay attention to the pronunciation of the following station names.

1) 역 이름에 받침 'ㄹ'이 있는 경우에는 '역'에 [ㄹ]을 넣어 발음합니다.
When the name of a station ends with the final consonant 'ㄹ', '역' is pronounced as [력].

예] 서울역[서울력] / 잠실역[잠실력] / 고속터미널역[고속터미널력]

2) 역 이름에 'ㄹ' 이외의 받침이 있는 경우에는 [ㄴ]을 넣어 발음합니다.
When the name of a station ends with a final consonant other than 'ㄹ', '역' is pronounced as [녁].

예] 동대문역[동대문녁] / 강남역[강남녁] / 시청역[시청녁]

연습 잘 듣고 따라 해 보세요. track 52
Listen carefully and repeat the following sentences.

1) 우리 신촌역에서 만날까요?
2) 지하철역 앞에서 세워 주세요.
3) A 어디에서 내려요?
   B 명동역에서 내려야 돼요.
4) A 서울역에는 무슨 일이세요?
   B 친구하고 부산으로 여행을 가려고 해요.

자기 평가 Self-Check

1. 아는 단어에 √ 하세요.
   Check all the words that you know.

☐ 버스	☐ 지하철	☐ 택시
☐ 비행기	☐ 버스 정류장	☐ 타다
☐ 갈아타다	☐ 내리다	☐ 도와주다

2. 알맞은 것을 골라 대화를 완성하세요.
   Fill in the blank using the correct words from the box.

에서	까지	로	으로

1) 여기(　　　　) 명동(　　　　) 얼마나 걸려요? – 30분쯤 걸려요.

2) 이 버스 어디(　　　　) 가요? – 잠실(　　　　) 갑니다.

3. 그림을 보고 대화를 완성하세요.
   Look at the pictures and complete each dialogue.

1)

A 내일 뭐 하려고 해요?

B 친구 만나서 영화를 ____________.

2)

A 내일이 생일이네요. 뭘 해 줄까요?

B 노래를 ____________.

정답

2. 1) 에서, 까지 2) 로, 로 3. 1) 보려고 해요 2) 해 주세요

번 역 Translation

어휘

기차	train	갈아타다	to transfer
배	boat / ship	내리다	to get off
버스	bus	타다	to ride
비행기	airplane		
오토바이	motorcycle	고속버스 터미널	Express Bus Terminal
자전거	bicycle	기차역	train station
지하철	subway	버스 정류장	bus stop
택시	taxi	지하철역	subway station

말하기 1

Steven	What are you doing now?
Xiaoming	I am looking into an airline ticket.
Steven	Are you going to travel?
Xiaoming	No. I would like to go (back) to China during school break.
Steven	I see. By the way, how long does it take to go to China from Korea?
Xiaoming	It takes about 2 hours. What are you going to do during the break?
Steven	I would like to just relax at home.
Xiaoming	Really? Aren't you going to travel?
Steven	No. I will be in Seoul during this school break.

말하기 2

Driver	Where would you like to go?
Julian	Please take me to Seoul Station.
Driver	I noticed that you are a foreigner. Which country are you from?
Julian	I came from France.
Driver	What are you doing at Seoul Station? Are you traveling?
Julian	Yes, I am going to travel to Busan with my friend.
Driver	You speak Korean very well.
Julian	Thank you, but I can't speak well yet.
	⋮
Julian	Sir, please drop me off at the bus stop over there.
Driver	Okay.
Julian	Thanks.

14 이 옷을 입어 보세요

Try these clothes on

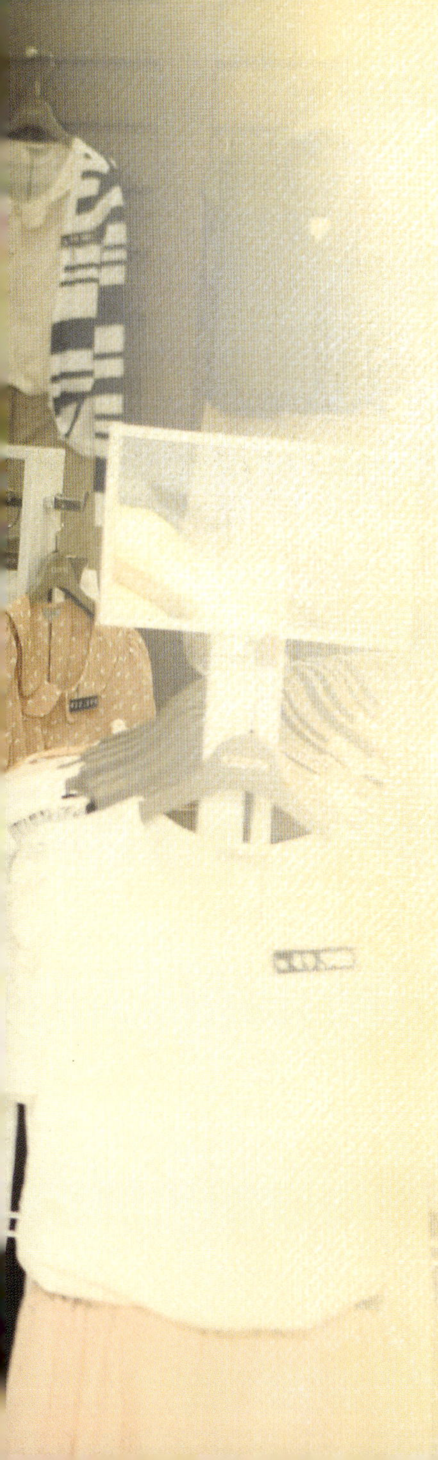

학 습 목 표

어 휘
- 의복
  Clothes
- 형용사 2
  Adjective 2

문법과 표현 1
- ‘ㄹ’ 탈락
- A–(으)ㄴ N

말하기 1
- 외형 묘사하기
  Describing someone’s appearance

문법과 표현 2
- N한테[께]
- V–아/어 보세요

말하기 2
- 권유하기
  Recommending

듣고 말하기
- 선물에 대한 대화 듣기
  Listening to a conversation about gifts
- 등산 복장에 대한 대화 듣기
  Listening to a conversation about hiking clothes
- 옷차림에 대해 말하기
  Talking about clothing styles

읽고 쓰기
- 생일 선물에 대한 블로그 글 읽기
  Reading a blog entry about birthday gifts
- 기억에 남는 선물에 대한 글 쓰기
  Writing about a memorable gift

과 제
- 선물 정하기
  Deciding on gifts

문화 산책
- 선물 금기
  Gift-giving taboos

발 음
- 겹받침의 발음
  Pronunciation of double final consonants

어 휘 Vocabulary

1. 알맞게 연결하고 [보기]와 같이 말해 보세요.
   Match each word with the correct verb and create a sentence as shown in the example.

보 기

치마를 입었어요.

	셔츠	
	모자	
	바지	입다
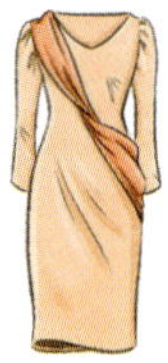	치마 / 스커트	
	코트	신다
	원피스	
	구두	쓰다
	운동화	
	양복	

2. 그림을 보고 [보기]와 같이 말해 보세요.
Create a sentence for each picture as shown in the example.

보 기

사과가 커요.

크다

작다

길다

짧다

높다 낮다

비싸다

싸다

불편하다

편하다

두껍다

얇다

3. 친구들이 어때요? [보기]와 같이 말해 보세요.
How about your friends? Create a sentence as shown in the example.

보 기

스티븐 씨는 멋있어요.
히엔 씨는…….

멋있다

예쁘다

귀엽다

친절하다

똑똑하다

문법과 표현 1 Grammar and Expression 1

1. 'ㄹ' 탈락

track 53

A 이 노래를 아세요?
B 네, 알아요.

예

- 어디에 **사**세요? – 서울에 **삽**니다.
- 마리코 씨, 어제 케이크 만**드**셨어요? – 아니요, 내일 만들 거예요.
- 한국에서 미국까지 열 시간쯤 걸려요. – 정말 **머**네요.

ㄹ + ㄴ, ㅂ, ㅅ

알다 + -네요 → 아네요
알다 + -ㅂ니다 → 압니다
알다 + -세요 → 아세요

연습1 주사위를 두 번 던지세요. 그리고 [보기]와 같이 문장을 말해 보세요.
Roll the dice twice and create a sentence as shown in the example.

1						
	알다	만들다	살다	놀다	팔다	열다
2	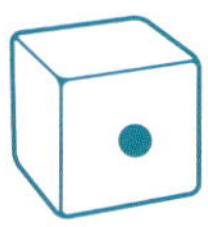	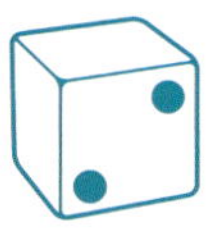				
	–아요 /어요	–습니다 /ㅂ니다	–았어요 /었어요	–으세요 /세요	–으려고 /려고 해요	–네요

보 기

살다 to live　놀다 to play　열다 to open

2. A-(으)ㄴ N

track 54

A 어떤 치마가 유행이에요?

B 짧은 치마가 유행이에요.

예

- 따뜻한 커피를 마실까요?
- 정우 씨는 좋은 친구예요.
- 지난주에 긴 코트를 하나 샀어요.
- 어떤 영화를 좋아하세요? – 재미있는 영화를 좋아해요.

받침 ×	+	-ㄴ
받침 ○	+	-은
있다[없다]	+	-는

연습1 친구와 이야기해 보세요.

Interview your classmates.

질문	친구 1	친구 2	친구 3
1) 어떤 날씨를 좋아해요?			
2) 어떤 사람을 좋아해요?			
3) 어떤 영화를 볼까요?			

어떤 what / which 유행이다 to be in fashion 무섭다 to be scary 슬프다 to be sad

말하기 1 Speaking 1

track 55

켈 리	아키라 씨, 저 사람은 누구예요?
아키라	누구요?
켈 리	저기 키가 큰 남자요. 청바지를 입었어요.
아키라	아, 저 사람은 유스케 씨예요. 우리 회사에 다녀요.
켈 리	유스케 씨는 어떤 사람이에요?
아키라	아주 재미있는 사람이에요.
켈 리	그래요? 저는 재미있는 사람을 좋아해요. 소개 좀 해 주세요.
아키라	음, 그럼 지금 같이 가서 인사할까요?
켈 리	네, 좋아요.

재미있는
[재미인는]

연습1 친구와 연습해 보세요.
Practice with your partner.

1) 키가 크다 / 남자	2) 체격이 좋다 / 남자	3) 귀엽다 / 여자	4) 머리가 길다 / 여자
청바지	양복	원피스	미니스커트
유스케 씨	지훈 씨	미나 씨	소민 씨
재미있다	친절하다	마음이 따뜻하다	똑똑하다

키 height 청바지 blue jeans 체격이 좋다 well built 마음 heart 미니스커트 miniskirt

연습2 반 친구 중에서 한 명을 선택해서 이름을 쓰고, 그 친구에 대한 질문에 대답해 보세요. 그리고 다른 친구는 누구를 썼는지 맞혀 보세요.

Pick one of your classmates and write his or her name on a piece of paper. Answer the questions about that person. The rest of the class will guess who the person is.

키가 커요?

네, 키가 큰 사람이에요.

어떤 옷을 입었어요?

청바지를 입었어요.

어떤 사람이에요?

조용한 사람이에요.

줄리앙 씨지요?

네, 맞아요. 줄리앙 씨예요.

문법과 표현 2 Grammar and Expression 2

1. N한테[께]

track 56

A 유진 씨가 입을 거예요?

B 아니요. 친구한테 선물할 거예요.

예

- 그 책은 누구**한테** 줄 거예요? – 동생**한테** 줄 거예요.
- 누가 선생님**께** 이메일을 보냈어요? – 켈리 씨가 보냈어요.
- 어머니**께** 무슨 선물을 드렸어요? – 가방을 사 드렸어요.

누구 + 가 ⟶ 누가

연습1 그림을 보고 [보기]와 같이 이야기해 보세요.

Create a dialogue for each picture as shown in the example.

보 기

어제 뭐 했어요?

친구한테 전화했어요.

할머니께 책을 읽어 드렸어요.

친구 할머니 동생 선생님 ______

한테 께

선물하다 to give a present 보내다 to send 드리다 to give (humble expression)

2. V-아/어 보세요

track 57

A 이 구두 예쁘네요.

B 한번 신어 보세요.

예

- 부모님 선물을 사야 돼요. – 그래요? 그럼 인사동에 **가 보세요.**
- 오늘 숙제가 뭐예요? – 저도 몰라요. 나나 씨한테 전화**해 보세요.**
- 요즘 무슨 책이 재미있어요? – 이 책 한번 읽**어 보세요.**

연습1 [보기]와 같이 친구들에게 여러분의 나라를 소개해 보세요.

Introduce your country to your classmates as shown in the example.

보 기

여러분에게 우리 나라를 소개하려고 합니다.

저는 ___한국___ 에서 왔습니다.

___비빔밥___ 은 우리 나라의 음식입니다. 아주 맛있는 음식입니다. 한번 먹어 보세요.

___막걸리___ 는 우리 나라의 술입니다. 한번 마셔 보세요.

___경주___ 는 우리 나라의 도시입니다. 아주 아름답습니다. 한번 가 보세요.

___한복___ 은 우리 나라의 옷입니다. 한번 입어 보세요.

여러분, 우리 나라에 한번 와 보세요.

한번 a try　막걸리 raw rice wine　도시 city　한복 Korean traditional dress

말하기 2 Speaking 2

track 58

유 진 나나 씨, 이 티셔츠 어때요? 좀 봐 주세요.
나 나 괜찮네요. 한번 입어 보세요. 유진 씨가 입을 거지요?
유 진 아니요. 우리 언니한테 선물할 거예요.
나 나 그래요? 언니는 어떤 스타일을 좋아해요?
유 진 우리 언니는 단순한 스타일을 좋아해요.
나 나 그럼 이건 어때요? 이게 요즘 유행이에요.
유 진 그거 예쁘네요.
나 나 예쁘죠? 이거 사세요.

연습1 친구와 연습해 보세요.
Practice with your partner.

1)	2)	3)	4)
티셔츠	운동화	원피스	모자
입다	신다	입다	쓰다
우리 언니	우리 어머니	제 친구	우리 할머니
단순하다	편하다	귀엽다	단순하다

티셔츠 T-shirt 스타일 style 단순하다 to be simple

연습2 친구와 함께 쇼핑을 하고 있습니다. 친구에게 어울리는 스타일을 추천해 주세요.

You are shopping with your friend. Recommend a style that looks good on your friend.

OO 씨, 이 스커트 어때요? 좀 봐 주세요.

괜찮네요. 그런데 요즘은 짧은 스커트가 유행이에요.

그래요?

△△ 씨, 이건 어때요?

아, 그 스커트 예쁘네요.

한번 입어 보세요.

네, 좋아요.

듣고 말하기 Listening and Speaking

준비 여러분 나라에서는 특별한 날에 어떤 선물을 줘요?

On what occasions do you give presents? What do you give?

듣기1 잘 듣고 맞는 것을 고르세요. track 59

Listen carefully and choose the correct answer.

1) 한국에서는 어때요? 연결하세요.

언제	누가	누구한테	무엇을	
2월 14일 •	• 남자 친구 •	• 남자 친구 •	• 사탕	• 줍니다.
3월 14일 •	• 여자 친구 •	• 여자 친구 •	• 초콜릿	

2) 두 사람은 지금 무엇을 하려고 해요?

①

②

③

준비 여러분은 오늘 무슨 옷을 입었어요?

What are you wearing today?

청바지를 입었어요.

저는 원피스를 입었어요.

듣기2 잘 듣고 맞는 것을 고르세요. track 60

Listen carefully and choose the correct answer.

1) 맞는 것을 고르세요.

① 관악산 앞에서 만날 거예요.

② 관악산은 안 높아요.

③ 점심은 산 위에서 먹을 거예요.

사탕 candy

2) 토요일에 어떻게 입을 거예요? 모두 고르세요.

말하기 무슨 옷을 입을 거예요? 친구와 같이 이야기해 보세요.
What are you going to wear for the following occasions? Talk about it with your partner.

데이트

제주도 여행

수료식

수료식 completion ceremony

읽고 쓰기 Reading and Writing

준비 생일이 언제예요? 생일에 어떤 선물을 받았어요?
When is your birthday? What kind of gifts did you receive for your birthday?

읽기 다음을 읽고 질문에 답하세요.
Read the passage and answer the following questions.

마리코의 이야기

생일 선물~

11 November						
1	2	3	4	5	6	7
8	9	10	11	12	13	14
15	16	17	18	19	20	21
22	23	24	25	26	27	28
29	30	31				

마리코 11. 11. 16:09

어제는 제 생일이었어요. 그래서 선물을 많이 받았어요.
남편은 저에게 가방을 줬어요. 큰 가방이지만 가벼워서 좋아요.
이 목도리 정말 예쁘지요? 일본에서 어머니가 보내 주셨어요.
길고 따뜻해요.
지연 씨는 귀여운 귀걸이를 줬어요. 제가 아이스크림을 좋아해서
이 귀걸이를 받고 아주 기뻤어요.
내일 이 목도리와 귀걸이를 하고 이 가방을 가지고 학교에
갈 거예요. *^^*

◀ PRE 1 • 2 • 3 • 4 • 5 NEXT ▶

1) 누구한테서 무슨 선물을 받았습니까? 연결하세요.

① 남편 •　　② 지연 •　　③ 어머니 •

ⓐ • 　　ⓑ • 　　ⓒ • 

목도리 muffler　귀걸이 earring　기쁘다 to be happy　하다 to wear　가지다 to take

2) 맞는 것을 고르세요.

① 마리코의 가방은 작아서 가벼워요.

② 어머니는 마리코에게 목도리를 주셨어요.

③ 마리코는 생일에 아이스크림을 먹었어요.

쓰기 제일 기억에 남는 선물이 뭐예요? 그 선물을 누가 줬어요? 왜 좋았어요? 쓰세요.
What is the most memorable gift you have received? From whom did you receive it? Why did you like it? Write about it.

블로그

11 November

1	2	3	4	5	6	7
8	9	10	11	12	13	14
15	16	17	18	19	20	21
22	23	24	25	26	27	28
29	30	31				

◀ PRE 1 • 2 • 3 • 4 • 5 NEXT ▶

과제 Task

고향에 있는 가족과 친구에게 줄 선물을 정해 보세요.
Pick out gifts for your hometown family and friends.

가족과 친구에게 선물을 하려고 합니다. 누구에게 선물을 하고 싶은지 쓰세요. (카드 → p.202)
You would like to give presents to your family and friends. Make a list.

	누구에게	
1	아버지	
2	어머니	
3	동생	

무슨 선물을 사면 좋을지 친구들과 이야기해 보세요.
What would be good gifts for them? Talk about them with your classmates.

○○ 씨는 누구한테 선물을 할 거예요?

아버지, 어머니, 그리고 여동생한테 선물을 하려고 해요.

아버지께 무슨 선물을 드릴 거예요?

글쎄요. 아직 잘 모르겠어요. 무슨 선물을 살까요?

시계를 사 드리세요.

한복은 어때요?

한국 부채를 선물해 보세요.

부채요? 그거 좋네요. 여동생한테는 옷을 사 주려고 해요. 어디에서 살까요?

명동에 한번 가 보세요. 거기에 싸고 예쁜 옷이 많아요.

누구에게 무슨 선물을 사 줄 거예요? 친구들에게 이야기해 보세요.
Present your gift idea to your classmates.

저는 우리 가족한테 선물을 하려고 해요.
아버지께 한국 부채를 사 드릴 거예요.
그리고 어머니께는…….

모르겠어요 I don't know

문화 산책 Culture Note

준비 남자 친구나 여자 친구한테 무슨 선물을 받고 싶어요?

What gift would you like to receive from your girlfriend or boyfriend?

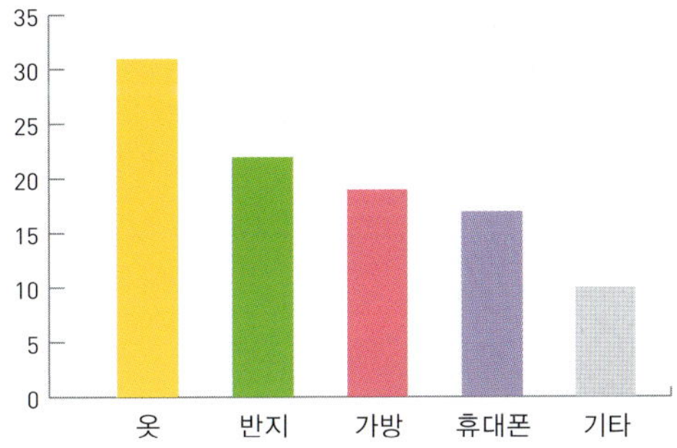

〈남자 친구 / 여자 친구한테서 받고 싶은 선물〉

알아보기

월요일은 여자 친구의 생일이었습니다. 그래서 나는 지난주에 백화점에 가서 예쁜 구두를 샀습니다. 여자 친구를 만나서 생일 축하 노래를 하고 선물을 주었습니다.

집에 와서 룸메이트한테 이 이야기를 했습니다. 룸메이트가 내 이야기를 듣고 이렇게 말했습니다.

"한국에서는 여자 친구한테 구두 선물을 안 해요. 여자 친구가 새 구두를 신고 다른 남자한테 갈 거예요."

나는 놀라서 여자 친구한테 전화를 했습니다. 내 전화를 받고 여자 친구가 웃었습니다.

"괜찮아요. 걱정하지 마세요. 저는 안 갈 거예요."

다음에는 한국 친구한테 먼저 물어보고 선물을 살 것입니다.

생각 나누기 여러분 고향에서는 무슨 선물을 주면 안 돼요? 친구와 이야기해 보세요.

What gifts are taboo in your country? Talk about them with your classmates.

축하 celebration 새 new 놀라다 to be surprised 먼저 first 물어보다 to ask

발음 Pronunciation

준비 들어 보세요. track 61
Listen to the following.

1) 앉으세요 / 앉고
2) 읽으세요 / 읽습니다
3) 얇아요 / 얇지만

규칙 겹받침의 발음에 주의하세요.
Pay attention to the pronunciation of double final consonants.

1) 겹받침은 둘 중 하나의 자음만 발음됩니다.
Only one of the double final consonants is pronounced as the representative sound for the pair.

ㄵ → [ㄴ], ㄺ → [ㄱ], ㄼ → [ㄹ], ㅄ → [ㅂ]

예] 앉지만[안찌만] / 읽습니다[익씀니다] / 짧고[짤꼬] / 없고[업꼬]

2) 받침 'ㄺ'은 뒤에 'ㄱ'이 오면 [ㄹ]로 발음됩니다.
When the final double consonant 'ㄺ' is followed by 'ㄱ', 'ㄺ' is pronounced as [ㄹ].

ㄺ + ㄱ → [ㄹ]

예] 읽고[일꼬]

연습 잘 듣고 따라 해 보세요. track 62
Listen carefully and repeat the following sentences.

1) 얇은 옷이 없어요.
2) 책도 읽고 신문도 읽습니다.
3) A 어떤 옷을 살 거예요?
B 짧은 치마를 사려고 해요.
4) A 여기 앉으세요. 뭘 드릴까요?
B 커피 여덟 잔 주세요.

자기 평가 Self-Check

1. 아는 단어에 √ 하세요.
Check all the words that you know.

□ 크다	□ 작다	□ 두껍다
□ 얇다	□ 높다	□ 낮다
□ 입다	□ 신다	□ 쓰다

2. 알맞은 말을 골라 대화를 완성하세요.
Fill in the blank using the correct word from the box.

길다 맵다 재미있다 많다

1) 이 스타일이 요즘 유행이에요. ( ) 사람들이 좋아해요.

2) 김치를 잘 먹네요. – 네, 저는 ( ) 음식을 좋아해요.

3) 어떤 코트를 살 거예요? – 너무 추워서 ( ) 코트를 하나 사려고 해요.

3. 그림을 보고 대화를 완성하세요.
Look at the pictures and complete each dialogue.

1)

A 지금 뭐 해요?

B 친구__________ 이메일 쓰고 있어요.

2)

A 이 구두가 아주 예쁘네요.

B 그럼 한번 __________________.

정답

2. 1) 많은 2) 매운 3) 긴 3. 1) 한테 2) 신어 보세요

번 역 Translation

어휘

구두	shoes
모자	hat
바지	pants
셔츠	shirt
양복	suit
운동화	sneakers
원피스	one-piece dress
치마 / 스커트	skirt
코트	coat
신다	to wear (foot wear)
쓰다	to wear (hat, glasses)
입다	to wear (clothes)

크다	to be big
작다	to be small
길다	to be long
짧다	to be short
높다	to be high
낮다	to be low
비싸다	to be expensive
싸다	to be cheap
불편하다	to be uncomfortable
편하다	to be comfortable
두껍다	to be thick
얇다	to be thin

귀엽다	to be cute
똑똑하다	to be smart
멋있다	to be stylish
예쁘다	to be pretty
친절하다	to be kind

말하기 1

Kelly	Akira, who is that person?
Akira	Who?
Kelly	The tall person over there. He is wearing blue jeans.
Akira	Oh, that is Yuske. He works for our company.
Kelly	What is he like?
Akira	He is a very funny person.
Kelly	Really? I like funny people. Please introduce him to me.
Akira	Um, then shall we go and talk to him together?
Kelly	Okay, good.

말하기 2

Yujin	Nana, how's this T-shirt? Please have a look (at it) for me.
Nana	It's okay. Try it on. You're the one who'll wear it, right?
Yujin	No, I am going to give it as a present to my sister.
Nana	Really? What style does your sister like?
Yujin	My sister likes simple styles.
Nana	Then, how about this one? This is in vogue these days.
Yujin	That's pretty.
Nana	Isn't it pretty? Buy this one.

15 여행을 가고 싶어요

I want to go on a trip

학습목표

어 휘	• 여행 Travel
문법과 표현 1	• A/V-(으)면 • V-는 N
말하기 1	• 여행 계획 표현하기 Expressing travel plans
문법과 표현 2	• V-고 싶다 • V-고 싶어 하다
말하기 2	• 희망 표현하기 Expressing wanting to do something
듣고 말하기	• 희망 사항 듣기 Listening to conversations about wanting to do something • 여행 소감 듣기 Listening to a conversation about travel • 신혼 여행지에 대해 말하기 Talking about honeymoon destinations
읽고 쓰기	• 여행지 소개하는 글 읽기 Reading a travel brochure • 여행지 소개하는 글 쓰기 Writing a travel brochure
과 제	• 여행에 대한 의견 조사하기 Surveying opinions about travel
문화 산책	• 유명한 여행지 Famous travel destinations
발 음	• 비음화 2 Nasalization 2

어 휘 Vocabulary

1. 그림에 맞는 번호를 쓰세요.
   Write the correct number next to each picture.

① 돈을 바꾸다

② 비행기 표를 예매하다

③ 여권을 만들다

④ 호텔을 예약하다

2. 여행의 순서에 맞게 번호를 쓰세요.
   Number the pictures in the correct order.

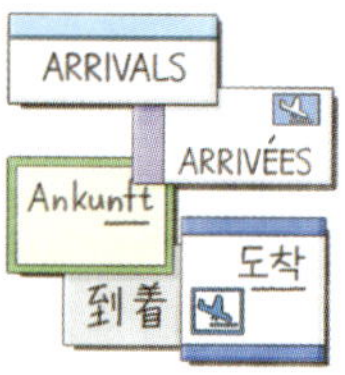

도착하다 (　　)

돌아오다 (　　)

여행하다 (　　)

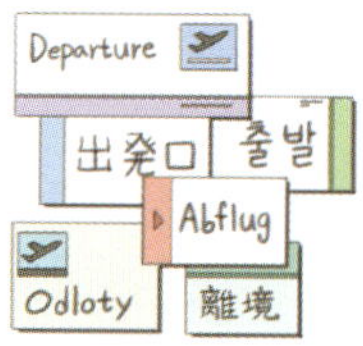

출발하다 (　　)

3. 여러분은 어디로 여행을 가고 싶어요? 거기가 왜 좋아요? [보기]와 같이 말해 보세요.
   Where would you like to travel? Why? Talk about it as shown in the example.

보 기

> 저는 제주도가 좋아요.
> 제주도는 경치가
> 정말 아름다워요.

경치가 아름답다

맛있는 음식이 많다

물건값이 싸다

구경거리가 많다

사람도 없고 조용하다

문법과 표현 1 Grammar and Expression 1

1. A/V-(으)면

track 63

A 고향에 가면 뭐 할 거예요?

B 친구들을 만나서 맛있는 음식을 먹을 거예요.

예

- 길이 복잡하**면** 지하철을 타세요.
- 사람이 많**으면** 다음에 갈 거예요.
- 집에 도착하**면** 전화하세요.
- 생일에 무슨 선물을 받**으면** 좋아요?

연습1 돈이 많으면 뭘 할 거예요? [보기]와 같이 말해 보세요.

What would you do if you had a lot of money? Talk about it as shown in the example.

보 기

돈이 많으면 비싼 반지를 살 거예요.

↓

반지를 사면 여자 친구에게 프러포즈를 할 거예요.

↙ ↘

여자 친구가 좋아하면 결혼할 거예요. | 여자 친구가 안 좋아하면 울 거예요.

돈이 많으면 ______________________________.

↓

______________ 으면/면 ______________________.

↓

______________ 으면/면 ______________________.

↓

______________ 으면/면 ______________________.

반지 ring 프러포즈 propose

2. V-는 N

track 64

A 회사에 다니는 친구가 있어요?

B 네, 아키라 씨가 여행사에 다녀요.

예

- 요즘 한국어를 배우는 사람들이 많아요.
- 무슨 과일을 좋아해요? – 제가 좋아하는 과일은 딸기예요.
- 김치는 한국 사람들이 매일 먹는 음식이에요.
- 스티븐은 내가 잘 아는 친구예요.

저 + 가 → 제가

나 + 가 → 내가

연습1 [보기]와 같이 이야기하고, 빈칸에 반 친구들의 이름을 써 보세요.

Ask each other questions and respond as shown in the example. Write the name of each person in your class next to a person below.

보 기

자는 학생이 누구예요?

자는 학생은 나나 씨예요.

말하기 1 Speaking 1

track 65

히 엔　켈리 씨, 이번 방학에 뭐 할 거예요?
켈 리　부산에 사는 친구 집에 가려고 해요.
히 엔　그래요? 언제 갈 거예요?
켈 리　방학하는 날 저녁에 출발하려고 해요.
히 엔　어떻게 갈 거예요? 표 예매했어요?
켈 리　아니요. 수업 끝나고 이따 예매하려고 해요.
히 엔　부산에 가서 뭐 할 거예요?
켈 리　해운대에서 수영할 거예요. 히엔 씨는 방학에 뭐 할 거예요?
히 엔　친구가 한국에 오면 같이 여행을 하고, 못 오면 집에서 쉴 거예요.

방학하는 [방하카는]
끝나고 [끈나고]
못 오면 [모도면]

연습1 친구와 연습해 보세요. Practice with your partner.

1) 부산 / 출발하다 / 해운대에서 수영하다
2) 전주 / 떠나다 / 비빔밥을 먹다
3) 안동 / 가다 / 찜닭을 먹다
4) 평창 / 출발하다 / 스키를 타다

부산 해운대

전주 비빔밥

안동 찜닭

평창 스키장

날 day　해운대 a beach in Busan　떠나다 to leave　안동 a city in Korea　찜닭 steamed chicken　평창 a city in Korea

연습2 친구와 같이 이야기해 보세요.

Talk about what you would like to do when your family or friends visit you.

부모님이 한국에 오시면
같이 어디에 갈 거예요?

거기에서 뭐 할 거예요?

친구가 한국에 오면
같이 어디에 갈 거예요?

거기에서 뭐 할 거예요?

문법과 표현 2 Grammar and Expression 2

1. V-고 싶다

track 66

A 여행 즐거웠어요?

B 네, 정말 즐거웠어요.
또 가고 싶어요.

예

- 모자를 하나 사고 **싶어요**.
- 저는 한국어를 잘하고 **싶어요**.
- 어떤 책을 읽고 **싶으세요**?
- 어제 연극을 보고 **싶었지만** 못 봤어요.

연습1 [보기]와 같이 이야기해 보세요.
Create a dialogue as shown in the example.

보 기

즐겁다 to be enjoyable

2. V-고 싶어 하다

track 67

A 주말에 뭐 할 거예요?

B 바다에 갈 거예요.
아이들이 바다에 가고 싶어 해요.

예

- 켈리 씨는 운동화를 사고 **싶어 해요**.
- 제 동생은 불고기를 먹고 **싶어 해요**.
- 어제 뭘 했어요? – 친구가 쇼핑하**고 싶어 해서** 같이 백화점에 갔어요.

연습1 [보기]와 같이 친구들에게 묻고 싶은 질문을 쓰고 인터뷰하여 그 결과를 발표해 보세요.
Write down a question that you would like to ask your classmates as shown in the example. Then, interview your classmates and present the results to the class.

보기 내 질문 커피숍에 가면 뭘 마시고 싶어요?

내 질문 ______________________________?

말하기 2 Speaking 2

track 68

스티븐　아키라 씨, 제주도 여행은 즐거웠어요?

아키라　네, 날씨도 좋고 경치도 정말 아름다웠어요. 또 가고 싶어요.

스티븐　등산도 했어요?

아키라　아니요, 등산도 하고 싶었지만 시간이 없어서 못 했어요.

스티븐　그런데 휴가가 언제까지예요?

아키라　내일까지예요. 왜요?

스티븐　제 친구가 야구 경기를 보고 싶어 해서 내일 야구장에 가려고 해요. 아키라 씨도 같이 가요.

아키라　저도 가고 싶지만 내일은 약속이 있어요.

연습1 친구와 연습해 보세요. Practice with your partner.

1)	2)	3)	4)
경치 / 아름답다	음식 / 맛있다	구경거리 / 많다	사람들 / 친절하다
등산 / 하다	말 / 타다	바다 / 가다	쇼핑 / 하다
야구 경기 / 보다	전시회 / 구경하다	연극 / 보다	닭갈비 / 먹다
야구장	인사동	대학로	춘천

휴가 vacation　야구 경기 baseball game　야구장 baseball stadium　말 horse　닭갈비 spicy chicken stir-fry　춘천 a city in Korea

연습2 다음 질문에 대해 [보기]와 같이 메모하고 이야기해 보세요.

Write down your answer for each question in the table as shown in the example and practice conversations with your classmates.

질문	[보기]	나
어디로 여행을 갔어요?	경주	
거기가 어땠어요?	구경거리가 많았어요.	
거기에서 뭘 했어요?	박물관 구경	
거기에 또 가고 싶어요? 왜요?	네. 바다에 못 갔어요.	

여행 좋아해요?
어디로 여행을 갔어요?

경주로 여행을 갔어요.

어땠어요?

재미있었어요.
구경거리가 정말 많았어요.

경주에서 뭘 했어요?

박물관을 구경했어요.

경주에 또 가고 싶어요?

네, 또 가고 싶어요.

왜요?

바다에 가고 싶었지만
날씨가 너무 추워서 못 갔어요.
그래서 또 가고 싶어요.

⋮

듣고 말하기 Listening and Speaking

준비 여러분은 시간이 있으면 뭘 하고 싶어요?
What would you like to do when you have time?

듣기1 잘 듣고 연결하세요. track 69
Listen carefully and match each person with the corresponding picture.

1) 켈리 •

2) 줄리앙 •

3) 나나 •

4) 스티븐 •

5) 민수 •

• ①

• ②

• ③

• ④

• ⑤

• ⑥

준비 여러분은 누구와 함께 여행을 갔어요?

Who did you travel with?

듣기2 잘 듣고 맞는 것을 고르세요. track 70

Listen carefully and choose the correct answer.

1) 마리코와 지연은 왜 자주 못 만났어요?

① 마리코가 바빠서

② 마리코가 남편과 여행을 가서

③ 마리코와 지연이 싸워서

2) 맞는 것을 고르세요.

① 마리코는 이번 여행에서 구경을 많이 했어요.

② 마리코는 사람이 없고 조용한 곳을 좋아해요.

③ 마리코는 가고 싶은 곳으로 신혼여행을 못 갔어요.

말하기 신혼여행에 대해 이야기해 보세요.

Talk about your honeymoon.

곳 place 신혼여행 honeymoon 미술관 art museum

읽고 쓰기 Reading and Writing

준비 여행을 가려고 해요. 바다, 산, 강, 어디가 좋아요?
You would like to travel. Which one do you like ocean, mountain, or river?

읽기 다음을 읽고 질문에 답하세요.
Read the travel brochure and answer the following questions.

춘천에 와 보세요!

남자 친구, 여자 친구와 함께 오면?

배를 타고 남이섬에 가 보세요. 남이섬은 바다에 있는 섬이 아니고, 강에 있는 섬이에요. 경치가 아름다워서 드라마도 많이 찍었어요. 여기에서 산책도 하고 자전거도 타 보세요.

등산을 하고 싶으면?

삼악산에 가 보세요. 산 위에 올라가면 춘천 시내와 시원한 강이 보여요. 등산도 하고 아름다운 경치도 구경해 보세요.

맛있는 음식을 먹고 싶으면?

닭갈비와 막국수를 한번 먹어 보세요. 닭갈비는 안 매워서 외국인도 좋아해요. 닭갈비와 같이 먹는 막국수는 시원해서 여름에 먹으면 정말 맛있어요.

남이섬 an island in Chuncheon　섬 island　삼악산 a mountain in Chuncheon　올라가다 to go up　보이다 to be seen　막국수 buckwheat noodles

1) 춘천에는 뭐가 있어요? 모두 고르세요.

① 

② 

③ 

2) 남이섬에서 뭘 하면 좋아요?

① 

② 

③ 

3) 맞는 것을 고르세요.

① 남이섬에 배를 타고 가요.

② 삼악산 위에서는 서울 시내가 보여요.

③ 닭갈비는 시원한 음식이에요.

쓰기 여러분 나라의 유명한 곳을 소개하는 글을 써 보세요.
Make a travel brochure for a famous place in your country.

과제 Task

여행에 대한 친구들의 의견을 조사해 보세요.

Survey your classmates. Where would they like to travel?

선생님에게서 질문지를 받은 후 여러분은 어떤지 쓰세요. (질문지 → p.203, 204)

Fill in the survey form you receive from your teacher.

Q: 시간이 있으면 어디를 여행하고 싶어요?
한국? 외국? …
왜 ________을/를 여행하고 싶어요?

이름	어디?	왜?
나		

같은 그룹에 있는 친구들에게 물어보세요.

Survey your classmates.

조사 결과를 발표해 보세요. 다른 그룹의 조사 결과와 비교해 보세요.

Present the results to the class. Compare your results with other groups.

질문 question

문화 산책 Culture Note

준비 여러분은 한국에서 어디를 여행했어요? Where have you been in Korea?

알아보기

어디로 여행을 가면 좋아요?

네 ⟶ / 아니요 ····›

바다를 구경하고 싶어요?

- 네 → 사람이 많은 시내도 구경하고 싶어요?
  - 네 → 부산
  - 아니요 → 제주도
- 아니요 → 한국 역사를 알고 싶어요?
  - 네 → 서울에서 가까운 곳으로 가고 싶어요?
    - 네 → 용인 (민속촌)
    - 아니요 → 경주 (불국사)
  - 아니요 → 한국 드라마를 좋아해요?
    - 네 → 춘천 (남이섬)
    - 아니요 → 쇼핑을 좋아해요?
      - 네 → 서울 (명동)
      - 아니요 → 호텔에서 쉬세요.

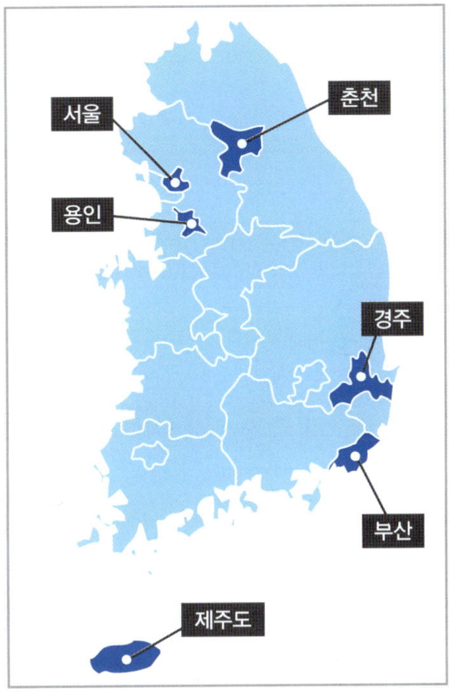

생각 나누기 여러분 나라에서 외국 사람들이 많이 여행하는 곳은 어디예요?
What are the tourist attractions in your country?

용인 a city in Korea

발음 Pronunciation

준비 들어 보세요. track 71
Listen to the following.

1) 듣는
2) 가깝네요
3) 읽는

규칙 받침소리 [ㄱ, ㄷ, ㅂ]은 뒤에 'ㄴ'이 오면 [ㅇ, ㄴ, ㅁ]으로 발음됩니다.
When the final consonant sounds [ㄱ, ㄷ, ㅂ] are followed by 'ㄴ', they are pronounced as [ㅇ, ㄴ, ㅁ].

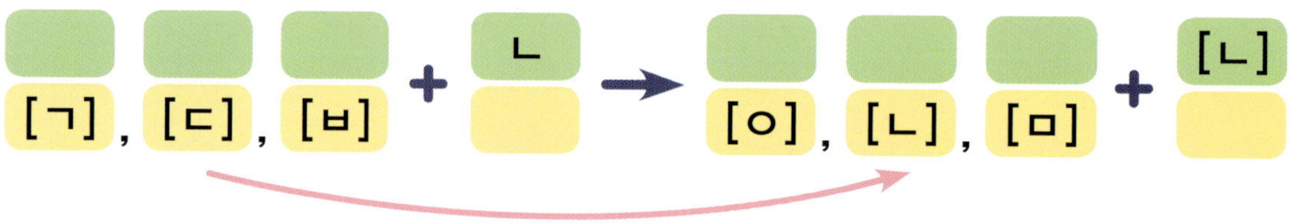

예] 먹는[멍는] / 닫는[단는] / 재미있는[재미인는] / 춥네요[춤네요]

연습 잘 듣고 따라 해 보세요. track 72
Listen carefully and repeat the following sentences.

1) 날씨가 정말 덥네요.
2) 나나하고 점심을 먹는 사람은 히엔이에요.
3) A 노래가 참 좋네요. 이 노래 아세요?
   B 네. 제가 요즘 자주 듣는 노래예요.
4) A 저기 책을 읽는 사람이 누구예요?
   B 스티븐이에요. 아주 재미있는 사람이에요.

자기 평가 Self-Check

1. 아는 단어에 ✓ 하세요.
   Check all the words that you know.

☐ 여권을 만들다	☐ 비행기 표를 예매하다	☐ 호텔을 예약하다
☐ 경치가 아름답다	☐ 구경거리가 많다	☐ 출발하다
☐ 돈을 바꾸다	☐ 돌아오다	☐ 도착하다

2. 알맞은 것을 골라 대화를 완성하세요.
   Complete each dialogue using the correct word from the box.

어렵다	맵다	듣다	살다	끝나다

1) 김치찌개가 (   )으면/면 된장찌개를 드세요.

2) 시험이 (   )으면/면 뭘 할 거예요? – 친구와 같이 서울 구경을 할 거예요.

3) 누가 한국 음악을 좋아해요? – 한국 음악을 매일 (   ) 사람은 줄리앙 씨예요.

3. 그림을 보고 대화를 완성하세요.
   Look at the pictures and complete each dialogue.

1) A 내일 눈이 오면 뭐 하고 싶어요?
   B ______________________.

2) A 왜 아이스크림을 사요?
   B 우리 아이가 ______________________.

정답
2. 1) 매우면 2) 끝나면 3) 듣는 3. 1) 눈사람을 만들고 싶어요 2) 아이스크림을 먹고 싶어 해요

번 역 Translation

어휘

돈을 바꾸다	to exchange money
비행기 표를 예매하다	to reserve a flight ticket
여권을 만들다	to make a passport
호텔을 예약하다	to reserve a hotel

도착하다	to arrive
돌아오다	to come back
여행하다	to travel
출발하다	to depart

경치가 아름답다	to have the scenary beautiful
구경거리가 많다	to have many sightseeing attractions
맛있는 음식이 많다	to have many delicious food
물건값이 싸다	to have price of items be cheap
사람도 없고 조용하다	to be uncrowded and quiet

말하기 1

Hien Kelly, what are you going to do this vacation?

Kelly I would like to go to a friend's house in Busan.

Hien Really? When are you going?

Kelly I am departing the evening that vacation starts.

Hien How will you get there? Did you reserve a ticket?

Kelly No. But I'm going to reserve it after class today.

Hien What are you going to do in Busan?

Kelly I will swim at Haeundae. How about you?

Hien If my friend comes to Korea, I will travel with them. If my friend cannot come, I will relax at home.

말하기 2

Steven How was your trip to Jeju Island? Was it enjoyable?

Akira Yes, the weather was good and scenery was beautiful. I want to go again.

Steven Did you go hiking?

Akira No, I wanted to but I couldn't because I didn't have time.

Steven How long is your vacation?

Akira Until tomorrow. Why?

Steven I would like to go to the baseball stadium tomorrow because my friend wants to see baseball game. Let's go together.

Akira I wish I could go but I have an appointment tomorrow.

16 우리 집에 올 수 있어요?

Can you come to my house?

학습목표

어 휘	• 모임 Gathering • 부사 Adverb
문법과 표현 1	• V-(으)ㄹ 수 있다[없다] • V-(으)ㄹ게요
말하기 1	• 초대하기 Inviting
문법과 표현 2	• V-(으)러 가다[오다] • V-(으)면서
말하기 2	• 방문하기 Visiting
듣고 말하기	• 어제 한 일 듣기 Listening to conversations about what someone did yesterday • 도움을 약속하는 대화 듣기 Listening to conversations about promising to help • 도움 약속하기 Promising to help
읽고 쓰기	• 초대하는 이메일 읽기 Reading an e-mail invitation • 초대에 대한 답장 쓰기 Replying to an invitation
과 제	• 모임 계획하기 Planning a gathering
문화 산책	• 집들이 선물 Housewarming party gift
발 음	• 경음화 3 Glottalization 3

어 휘 Vocabulary

1. 그림에 맞는 번호를 쓰세요.
   Write the number of each expression next to the matching picture.

① 계획하다
② 선물하다
③ 식사하다
④ 연락하다
⑤ 준비하다
⑥ 초대하다
⑦ 축하하다

2. 그림을 보고 빈칸에 알맞은 단어를 쓰세요.
   Look at the pictures and complete each sentence using the appropriate adverb from the box.

늦게	많이	빨리	열심히	일찍	잘	조금	천천히

(　　　　) 가요.

(　　　　) 가요.

(　　　　) 일어났어요.

(　　　　) 일어났어요.

비가 (　　　　) 와요.

비가 (　　　　) 와요.

(　　　　) 공부하세요.

(　　　　) 들으세요.

문법과 표현 1 Grammar and Expression 1

1. V-(으)ㄹ 수 있다[없다]

track 73

A 금요일 모임에 올 수 있어요?
B 네, 갈 수 있어요.

예

- 스티븐 씨는 미국 사람이지만 한국말을 할 **수 있어요**.
- 열심히 공부하면 좋은 점수를 받을 **수 있을 거예요**.
- 배가 아파서 지금은 밥을 먹을 **수 없어요**.

연습1 여러분은 무엇을 할 수 있어요? 친구들과 이야기해 보세요.
What can you do? Talk about it with your classmates.

보기

프랑스어를 할 수 있어요.

1.

2.

3.

모임 gathering 점수 point

2. V-(으)ㄹ게요

track 74

A 일곱 시까지 우리 집으로 오세요.
B 네, 일곱 시까지 갈게요.

예

- 내일은 일찍 오세요. - 네, 일찍 올**게요**.
- 이 약은 매일 드셔야 돼요. - 네, 매일 먹**을게요**.
- 누가 음식을 만들 거예요? - 제가 만들**게요**.

연습1 친구의 생일 파티를 준비해 보세요.
Make plans for your classmate's birthday party.

〈생일 파티 준비〉

- 케이크 : 스티븐
- 카드 :
- 꽃 :
- 음료수 :
- 생일 노래 :
- 음악 CD :
- 사진 :
- ________ :

음료수 beverage

말하기 1 Speaking 1

track 75

나 나	샤오밍 씨, 오늘 저녁에 바빠요?
샤오밍	아니요. 별일 없어요. 그런데 왜요?
나 나	시험이 끝나서 우리 집에서 파티를 하려고 해요. 샤오밍 씨도 올 수 있어요?
샤오밍	네, 갈 수 있어요. 몇 시쯤 갈까요?
나 나	일곱 시쯤 오세요.
샤오밍	네, 좋아요. 일곱 시까지 갈게요. 그런데 파티 준비 다 했어요? 제가 좀 도와줄까요?
나 나	그럼 케이크 좀 사 주세요. 바빠서 케이크를 아직 못 샀어요.
샤오밍	네, 그럼 제가 케이크를 사 갈게요.

별일
[별릴]

올 수 있어요
[올쑤이써요]

갈게요
[갈께요]

연습1 친구와 이야기해 보세요.
Practice with your partner.

1) 시험이 끝나다
케이크

2) 켈리 씨 친구가 한국에 오다
음료수

3) 지난주에 이사를 하다
과일

4) 윌슨 씨가 다음 주에 고향으로 돌아가다
선물

별일 something special　사 가다 to buy and bring　이사(를) 하다 to move (one's residence)

연습2 여러분은 언제 친구들을 초대합니까? 친구들을 집으로 초대해 보세요.

On what occasions do you invite your friends? Invite your friends to your house.

토요일이 생일이다

지난주에 이사했다

내일이 휴일이다

시험이 끝나다

○○ 씨, 이번 주말에 바빠요?

아니요, 괜찮아요. 그런데 왜요?

토요일이 제 생일이에요.
그래서 친구들하고 같이
우리 집에서 파티를 하려고 해요.

아, 그래요? 축하해요.

○○ 씨도 초대하고 싶어요.
토요일 저녁에 올 수 있어요?

그럼요. 갈 수 있어요.

그럼 토요일 일곱 시까지
우리 집으로 오세요.

네, 일곱 시까지 갈게요.
초대해 줘서 고마워요.

휴일 holiday

문법과 표현 2 Grammar and Expression 2

1. V-(으)러 가다[오다]

track 76

A 어디에 가요?

B 과일 사러 시장에 가요.

예

- 은행에 뭐 하**러 가요**? – 돈을 찾**으러 가요**.
- 우리 집에 저녁 먹**으러 오세요**.
- 주말에 나나 씨 집에 놀**러 갈 거예요**.

연습1 친구와 이야기해 보세요.
Ask each other questions and respond.

왜 한국에 왔어요?

한국어를 배우러 왔어요.

돈을 찾다 to withdraw

2. V-(으)면서

track 77

A 영화 보면서 팝콘을 먹을까요?

B 네, 좋아요.

예

- 운전하**면서** 전화하지 마세요.
- 신문을 읽**으면서** 기다리세요.
- 저는 음악을 들**으면서** 공부해요.
- 스티븐과 유진은 케이크를 만들**면서** 이야기했어요.

받침 × + → -면서

받침 ○ + → -으면서

받침 ㄹ + → -면서

연습1 선생님에게 받은 카드를 보고 행동으로 표현해 보세요. 그리고 친구들의 행동을 보고 문장을 만들어 보세요. (카드 → p.205)

Guess what your classmates are doing and make sentences.

팝콘 popcorn 춤(을) 추다 to dance

말하기 2 Speaking 2

track 78

나 나　줄리앙 씨, 어서 들어오세요. 덥지요?
줄리앙　아니에요. 초대해 줘서 고마워요. 집이 정말 좋네요.
나 나　뭘요. 청소도 잘 못했어요.
줄리앙　룸메이트는 집에 없어요?
나 나　네. 도서관에 공부하러 갔어요.
줄리앙　다른 친구들은 아직 안 왔어요?
나 나　곧 올 거예요. 텔레비전 보면서 좀 기다려 주세요.

⋮

나 나　여보세요? 스티븐 씨? 무슨 일 있어요?
스티븐　나나 씨, 미안해요. 길이 복잡해서 조금 늦을 거예요. 빨리 갈게요.
나 나　괜찮아요. 지금 줄리앙 씨만 왔어요. 천천히 오세요.

덥지요
[덥찌요]

연습1　친구와 연습해 보세요. Practice with your partner.

1) 도서관 / 공부하다 / 텔레비전을 보다

2) 백화점 / 쇼핑하다 / 과일을 먹다

3) 은행 / 돈을 찾다 / 집을 구경하다

4) 학교 / 수업을 듣다 / 잡지를 보다

들어오다 to come in　아니에요 no, it's not.　곧 soon

연습2 친구가 우리 집에 왔어요. 같이 이야기해 보세요.

Imagine that you invited your friends to your house. Exchange greetings and make conversation.

○○ 씨, 어서 들어오세요.

초대해 줘서 고마워요.

아니에요.

집이 정말 깨끗하네요.

뭘요.

그런데 제가 시간이 없어서
선물을 못 샀어요.

괜찮아요.
게임하면서 좀 기다려 주세요.

- **상대방이 칭찬을 하거나 고맙다고 할 때**
  When someone gives you a compliment or expresses appreciation

고마워요.
– 뭘요. / 아니에요.

- **상대방이 미안하다고 할 때**
  When someone apologizes

미안해요.
– 괜찮아요. / 아니에요.

듣고 말하기 Listening and Speaking

준비 여러분은 친구를 만나면 뭘 해요?

What do you do when you meet your friends?

듣기1 잘 듣고 연결하세요. track 79

Listen carefully and match each person with the corresponding picture.

1) 마리코 •

2) 아키라 •

3) 나나 •

4) 샤오밍 •

5) 유진 •

• ① 

• ② 

• ③ 

• ④ 

• ⑤ 

• ⑥ 

준비 여러분은 이사를 해 봤어요? 누가 도와줬어요?

Have you ever moved out? Who helped you?

듣기2 잘 듣고 맞는 것을 고르세요. track 80

Listen carefully and choose the correct answer.

1) 켈리의 이사 계획은 무엇입니까?

① 일요일에 이사하려고 해요.

② 학교 앞으로 이사하려고 해요.

③ 친구들과 함께 이사하려고 해요.

2) 맞는 것을 고르세요.

① 켈리는 물건이 많아서 이사를 해요.

② 줄리앙은 켈리를 도와줄 거예요.

③ 줄리앙은 켈리한테 밥을 살 거예요.

말하기 여러분은 일을 혼자 할 수 없으면 어떻게 해요? 친구와 이야기해 보세요.

What do you do when you cannot take care of things by youself? Talk about it with your classmates.

이사해야 돼요. 그런데 물건이 많아서 혼자 할 수 없어요.

그래요? 제가 도와줄까요?

정말 도와줄 수 있어요?

그럼요. 제가 도와줄게요.

고마워요. 그럼 이사 끝나고 제가 저녁을 살게요.

네, 좋아요. 같이 식사하러 가요.

읽고 쓰기 Reading and Writing

준비 여러분은 모임이 있으면 어떻게 연락을 해요?
How would you invite people to a gathering?

읽기 다음을 읽고 질문에 답하세요.
Read the invitation and answer the following questions.

To. Akira@snu.ac.kr; Mariko@snu.ac.kr; Yujin@snu.ac.kr; Jeongu@snu.ac.kr;

Subject. 주말에 시간 있어요?

1급 친구들, 안녕하세요? 스티븐이에요.

이번 금요일에 한국어 1급 공부가 모두 끝나요. 고향으로 돌아가는 친구도 있고 회사 일이 바빠서 2급 공부를 할 수 없는 친구도 있어요. 그래서 이번 주말에 같이 식사를 하고 싶어요. 여러분, 이번 토요일 저녁에 시간 있어요? 맛있는 음식을 먹으면서 이야기도 하고 함께 즐거운 시간을 보내고 싶어요.

올 수 있는 친구들은 저에게 이메일을 보내 주세요. 그리고 좋은 식당이 있으면 저한테 이야기 좀 해 주세요. 참, 제가 나나 씨의 이메일 주소를 몰라요. 나나 씨 이메일 주소를 아는 친구는 나나 씨한테 연락 좀 해 주세요. 그럼 여러분의 답장을 기다릴게요.

스티븐

1) 스티븐은 이번 토요일에 무엇을 하고 싶어 해요?

① 

② 

③ 

2) 스티븐은 어디에서 친구들을 만나려고 해요?

① 집 ② 식당 ③ 회사

시간을 보내다 to spend time 참 by the way 이메일 주소 e-mail address 몰라요 do not know 답장 reply

3) 맞는 것을 고르세요.

① 스티븐과 친구들은 모두 한국어 2급을 공부할 거예요.

② 친구들은 토요일까지 스티븐한테 연락을 해야 돼요.

③ 스티븐은 지금 나나한테 이메일을 보낼 수 없어요.

쓰기

여러분은 토요일 모임에 갈 수 있어요? 좋은 식당을 알고 있어요? 스티븐에게 답장을 보내 보세요.
Can you join a gathering on Saturday? Do you know any good restaurants? Reply to Steven.

To. "스티븐"〈steven0707@snu.ac.kr〉

Subject. Re: 주말에 시간 있어요?

과제 Task

친구들과 같이 모임을 계획해 보세요. Plan a gathering with your classmates.

우리 반 친구들을 초대하는 모임을 계획해 보세요.
Plan a class gathering.

어디에서 모임을 할 거예요?

뭘 먹으면서 모임을 할 거예요?

뭘 하면서 놀 거예요?

모임 계획

- 장소 :
- 음식 :
- 놀이 :

친구들에게 모임 계획을 이야기해 보세요.
Share your plans with your classmates.

우리 집에서 세계 요리 파티를 할 거예요. 여러 나라의 요리를 먹으면서 재미있는 게임도 하려고 해요. 제가 일본 음식을 준비할게요. 올 수 있어요?

네, 갈 수 있어요. 저는 프랑스 음식을 만들게요.

저도 갈게요.

가고 싶은 모임에 스티커를 붙이고 그 모임에 가고 싶은 이유를 이야기해 보세요.
Put a sticker on the event that you wish to attend and tell your classmates why.

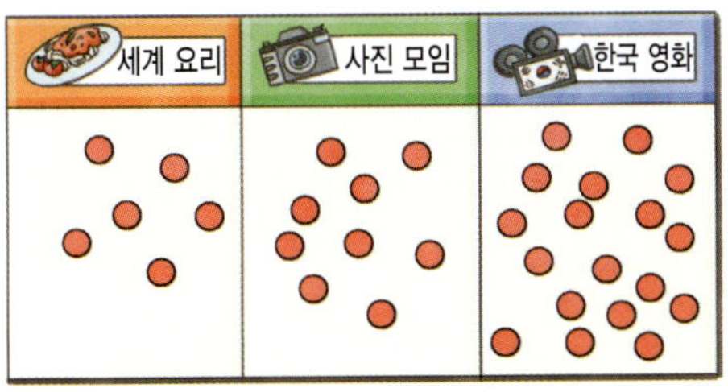

저는 맛있는 음식을 좋아해서 세계 요리 파티에 갈 거예요.

놀이 recreation　세계 world

문화 산책 Culture Note

준비 여러분 고향에서는 이사하면 가족이나 친구들을 집으로 초대합니까?
In your country, do people invite family or friends over after moving into a new residence?

알아보기 한국에서는 친구가 이사를 하고 새 집으로 초대를 하면,

	**휴지**를 사 갑니다.
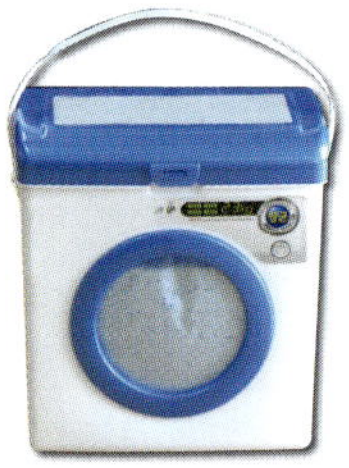	**세제**를 사 갑니다.
	이 선물들을 주면서 이렇게 이야기합니다. **"부자 되세요!"**

생각 나누기 여러분 고향에서는 이사한 집에 초대를 받으면 무엇을 선물합니까?
What is a common gift to give at a housewarming party in your country?

세제 laundry detergent 부자 the rich

발음 Pronunciation

준비 들어 보세요. track 81
Listen to the following.

1) 먹을 거예요
2) 살게요
3) 볼 수 있어요

규칙 '–을/ㄹ' 뒤에 오는 'ㄱ, ㅅ'은 [ㄲ, ㅆ]으로 발음됩니다.
When '–을/ㄹ' is followed by the initial consonants 'ㄱ, ㅅ', 'ㄱ, ㅅ' are pronounced as [ㄲ, ㅆ].

–을/ㄹ + ㄱ, ㅅ → –을/ㄹ + [ㄲ], [ㅆ]

예] 갈 거예요[갈꺼예요] / 할 수 있어요[할쑤이써요]

연습 잘 듣고 따라 해 보세요. track 82
Listen carefully and repeat the following sentences.

1) 저는 수영을 할 수 있어요.
2) 주말에 친구를 만날 거예요.
3) A 누가 케이크를 준비할 거예요?
   B 제가 준비할게요. 저는 케이크를 만들 수 있어요.
4) A 길이 복잡해서 조금 늦을 거예요. 빨리 갈게요.
   B 괜찮아요. 천천히 오세요.

자기 평가 Self-Check

1. 아는 단어에 ✓ 하세요.
Check all the words that you know.

☐ 식사하다	☐ 연락하다	☐ 준비하다
☐ 축하하다	☐ 늦게	☐ 많이
☐ 빨리	☐ 일찍	☐ 열심히

2. 알맞은 것을 골라 대화를 완성하세요.
Fill in each blank using the correct ending from the box.

–을/ㄹ 수 있다　　–을/ㄹ 수 없다　　–을게요/ㄹ게요

1) 김치를 (　　　　　　　　)? – 아니요, 매워서 못 먹어요.

2) 월요일에 시험이 있어요. 공부 좀 하세요. – 네, 열심히 (　　　　　　　　).

3. 그림을 보고 대화를 완성하세요.
Look at the pictures and complete each dialogue.

1) A 아침에 보통 뭘 해요?
B ______________________.

2) A 친구 집에 왜 가요?
B ______________________.

정답

2. 1) 먹을 수 있어요 2) 공부할게요 3. 1) 커피 마시면서 신문 읽어요 / 신문 읽으면서 커피 마셔요 2) 공부하러 가요

번 역 Translation

어휘

계획하다	to plan	늦게	late
선물하다	to give a present	많이	a lot
식사하다	to have a meal	빨리	quickly / fast
연락하다	to contact	열심히	hard
준비하다	to prepare	일찍	early
초대하다	to invite	잘	well
축하하다	to congratulate / to celebrate	조금	a little
		천천히	slowly

말하기 1

Nana Xiaoming, are you busy tonight?

Xiaoming No. Nothing special going on. Why?

Nana I am planning a party at my house because exams are over. Can you come?

Xiaoming Yes, I can go. What time shall I go?

Nana Please come around 7:00.

Xiaoming Yes, sounds good. I will be there by 7:00. By the way, is everything ready for the party? Do you need any help?

Nana Then can you get a cake? (Then please buy a cake.) I couldn't buy a cake because I was busy.

Xiaoming Then I will bring a cake.

말하기 2

Nana	Julian, come in. Isn't it hot?
Julian	No, I am okay. Thank you for inviting me. Your house is very nice.
Nana	Oh, thank you. I haven't cleaned up very well.
Julian	Isn't your roommate at home?
Nana	No. She went to a library to study.
Julian	Haven't other friends come yet?
Nana	They will be here soon. Please wait while you are watching TV.

.
.
.

Nana	Hello? Steven? What's up?
Steven	I am sorry, Nana. I might be a little late because the roads are congested. I'll be there as soon as possible.
Nana	No problem. Only Julian is here. Take your time.

부록 Appendix

활동지 Activity Sheets

문법 해설 Grammar Extension

문화 해설 Culture Extension

듣기 지문 Listening Scripts

모범 답안 Answer Key

어휘 색인 Glossary

9과 말하기 2

p.35

A

B

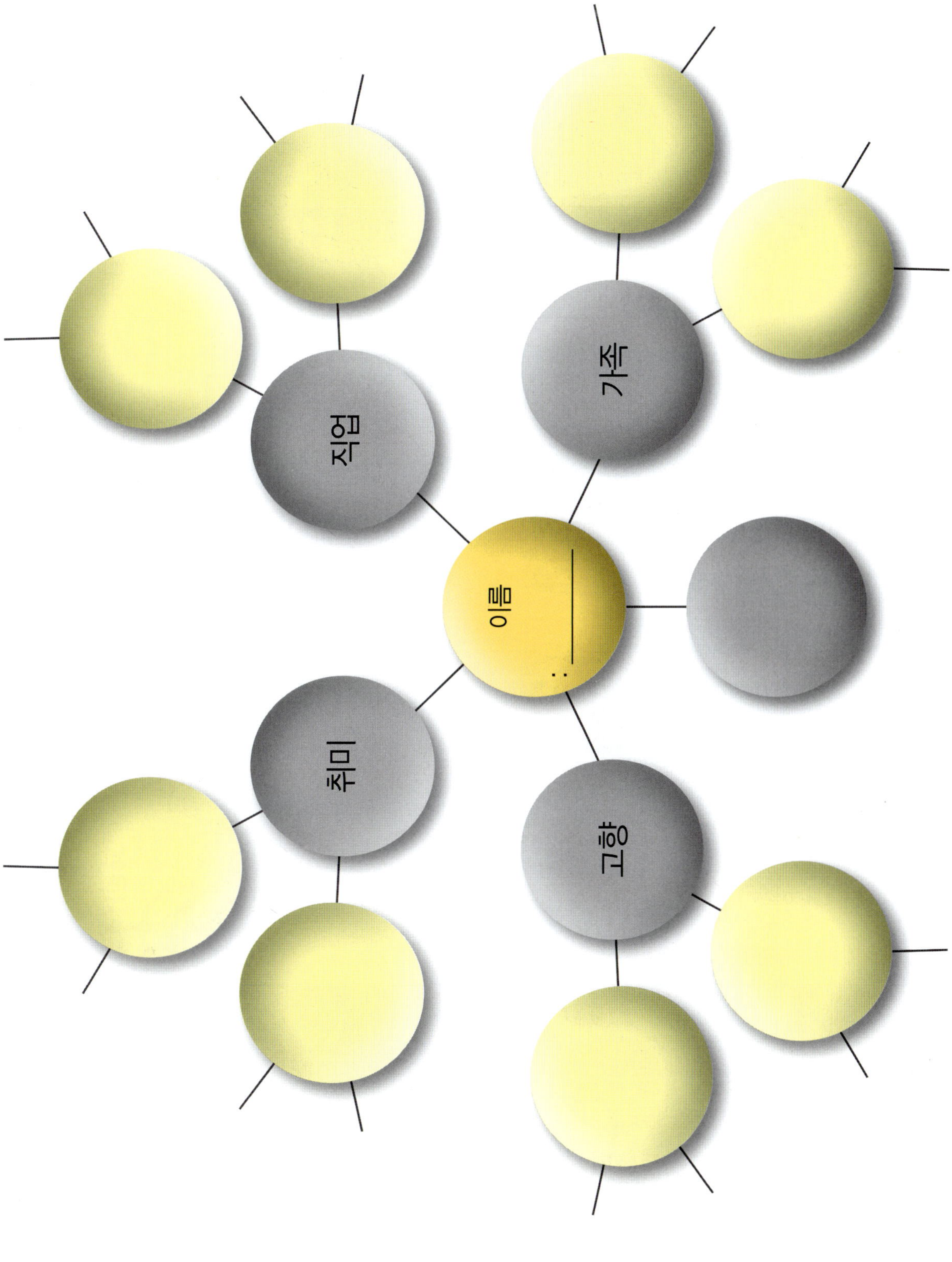
이름
:
직업
가족
취미
고향

10과 과제 p.61

[장소 카드]

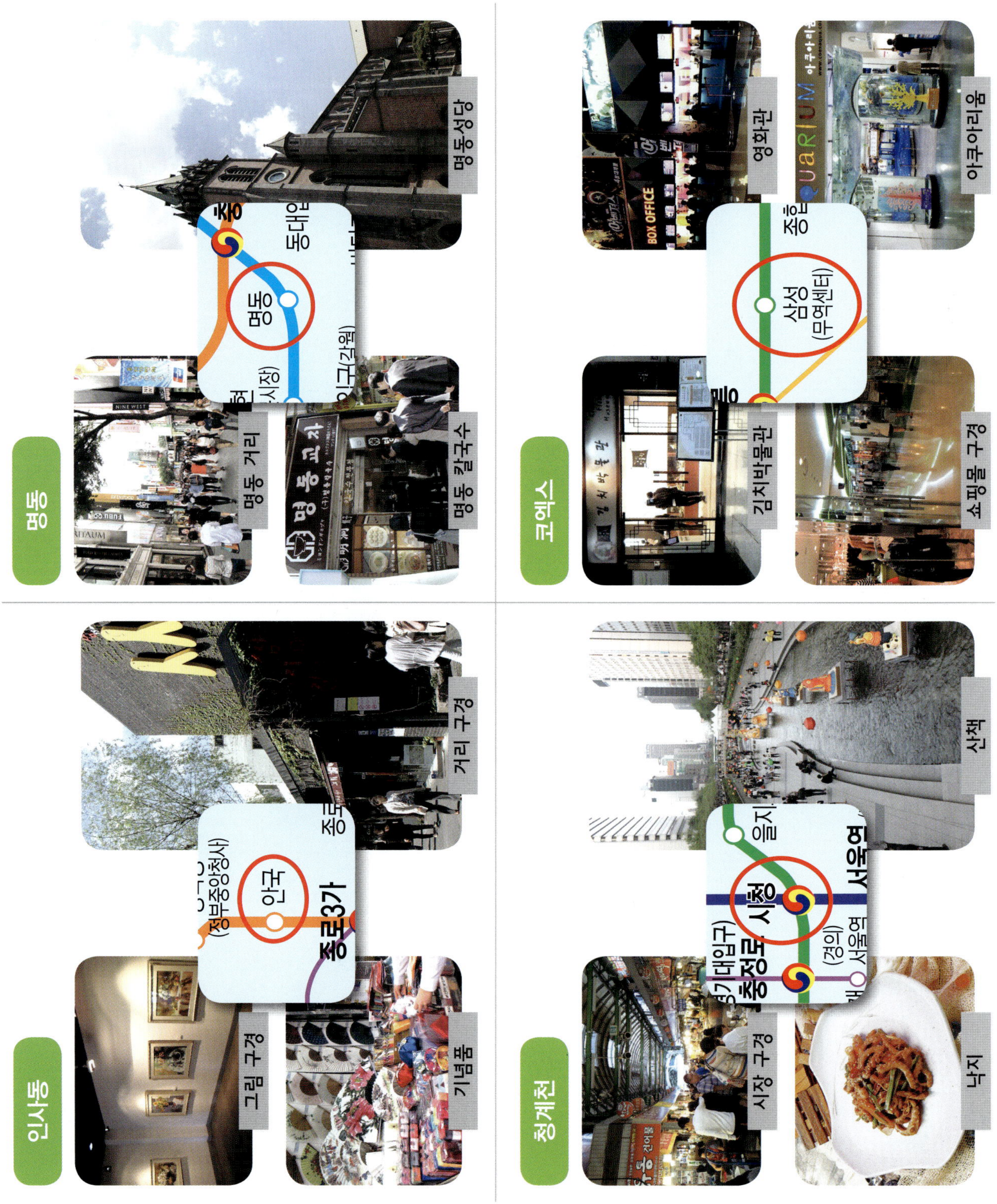

[일정표]

___월 ___일

시간	일정
에	
부터 까지	
부터 까지	
부터 까지	
부터 까지	
부터 까지	

12과 과제

p.102

1

오늘 숙제?

:

?

:

선생님 전화번호
: 871-6808

1

선생님 전화번호?

:

?

:

오늘 숙제
: 연습 문제 3번

2

시험 날짜?

:

?

:

한국어 센터 사무실 전화번호
: 880-5488

2

한국어 센터 사무실 전화번호?

:

?

:

시험 날짜
: 4월 7일 수요일

3

약속 시간?

:

?

:

줄리앙 씨 전화번호
: 010-123-4569

3

줄리앙 씨 전화번호?

:

?

:

약속 시간
: 저녁 6시

4

유진 씨 생일?

: ______

______?

: ______

약속 장소

: 강남역

4

약속 장소?

: ______

______?

: ______

유진 씨 생일

: 10월 24일

5

태권도 수업 시간?

: ______

______?

: ______

아키라 씨 집

: 보라매 공원 옆

5

아키라 씨 집?

: ______

______?

: ______

태권도 수업 시간

: 2시부터 4시까지

6

켈리 씨 이메일 주소?

: ______

______?

: ______

민수 씨 회사

: 월드여행사

6

민수 씨 회사?

: ______

______?

: ______

켈리 씨 이메일 주소

: ilovesnu@snu.ac.kr

14과 과제

p.146

	누구에게	무슨 선물
1		
2		
3		
4		
5		

Q: 시간이 있으면 어디를 여행하고 싶어요? 한국? 외국? …
왜 ________을/를 여행하고 싶어요?

이름	어디?	왜?
나		

Q: 한국을 여행하면 뭘 타고 가고 싶어요? 기차? 버스? …
왜 ________을/를 타고 싶어요?

이름	뭘?	왜?
나		

Q: 외국으로 여행을 가면 어디를 여행하고 싶어요? 하와이(Hawaii)? 파리(Paris)? …
왜 ________에 가고 싶어요?

이름	어디?	왜?
나		

Q: 여행을 가면 누구하고 가고 싶어요? 가족? 친구? …
왜 ________하고 같이 가고 싶어요?

이름	누구?	왜?
나		

Q: 여행을 가면 어느 계절에 가고 싶어요 여름? 겨울? …
왜 ________에 가고 싶어요?

이름	어느 계절?	왜?
나		

Q:

이름		
나		

신문을 읽으면서 커피를 마셔요.

운동하면서 텔레비전을 봐요.

샤워하면서 노래를 해요.

청소하면서 음악을 들어요.

춤을 추면서 요리해요.

버스를 기다리면서 시계를 봐요.

라면을 먹으면서 전화해요.

과자를 먹으면서 걸어요.

라디오를 들으면서 빨래해요.

게임하면서 바나나를 먹어요.

콜라를 마시면서 축구 경기를 봐요.

영화를 보면서 울어요.

자전거를 타면서 아이스크림을 먹어요.

전화하면서 바지를 입어요.

노래를 하면서 여자 친구한테 꽃을 줘요.

운전하면서 웃어요.

문법 해설 Grammar Extension

9과

1. N(의) N
p.28

어떤 사람이나 사물이 선행 명사의 소유나 소속임을 나타낼 때 사용한다.

'의' expresses a relationship between two nouns, in which the first noun possesses the second noun.

명사와 결합한다. '의' attaches to nouns.

받침 X	받침 O
나나 → 나나**의** 가방	스티븐 → 스티븐**의** 책

예) 누구(**의**) 가방이에요? – 나나(**의**) 가방이에요.
저 사람은 누구예요? – **내** 친구예요.
민수 씨도 우리 학교(**의**) 학생이에요?

말할 때는 '의'를 생략할 수 있다.

'의' can be omitted in spoken language.

예) 이거 누구**의** 가방이에요? = 이거 누구 가방이에요?
나나**의** 가방이에요. = 나나 가방이에요.

'나, 저'의 경우에는 '나의, 저의' 보다 축약형인 '내, 제'가 더 자주 쓰인다.

'내 and 제' is more often used as a contraction of '나의 and 저의'.

예) 이건 **나의** 책이에요. 〈 이건 **내** 책이에요.
정우는 **저의** 친구예요. 〈 정우는 **제** 친구예요.

발화에서 가리키는 대상이 화자와 친밀한 관계일 때는 '내, 제'보다 '우리'를 사용하는 것이 자연스럽다.

When indicating possession or relation of someone or something intimately connected to the speaker, it is more appropriate to use '우리' rather than '내' or '제'.

예) **우리** 형은 대학생이에요.
여기가 **우리** 집이에요.

2. N을/를 잘하다[잘 못하다, 못하다]
p.29

'을/를 잘하다'는 어떤 일을 익숙하고 능숙하게 함을 나타낼 때, '을/를 잘 못하다'는 그 반대로 어떤 일을 일정 수준에 못 미치게 함을 나타낼 때 사용한다. 그리고 '을/를 못하다'는 어떤 일을 할 능력이 없음을 나타낼 때 사용한다.

'을/를 잘하다' is used to express that someone is good at something. On the other hand, '을/를 잘 못하다' expresses that someone is not good at something. '을/를 못하다' is used to express that someone is unable to do something.

명사와 결합한다. '을/를 잘하다' attaches to nouns.

받침 X	받침 O
요리 → 요리**를 잘하다**	운동 → 운동**을 잘하다**

예) 마리코 씨는 뭐를 **잘해요**? – 마리코 씨는 요리를 **잘해요**.

샤오밍 씨는 운동**을 잘해요**.

저는 수학**을 잘 못했어요**.

동생은 노래를 **잘하지만** 저는 노래를 **잘 못해요**.

저는 수영**을 못해요**.

'공부하다, 노래하다, 수영하다, 요리하다, 운동하다, 청소하다, 축구하다'와 같이 'N하다' 형태로 쓸 수 있는 명사와 함께 쓴다.

These expressions are used with nouns that can be combined with '하다,' such as '공부하다, 노래하다, 수영하다, 요리하다, 운동하다, 청소하다, and 축구하다'.

예) 제 동생은 공부를 **잘해요**.

줄리앙 씨, 축구(를) **잘해요**? – 아니요, **잘 못해요**.

'잘 못하다'의 띄어쓰기에 유의한다.

Pay attention to the word spacing of '잘 못하다'.

예) 저는 노래를 잘못해요. (X)

→ 저는 노래를 **잘 못해요**. (○)

3. N(이)세요

p.32

'이에요/예요'의 높임말로, 주어가 화자보다 나이나 사회적 지위 등에서 상위자일 때 사용한다.

'(이)세요' is honorific form of '이에요/예요' and used when the subject of the sentence is superior to the speaker, in age or social status.

명사와 결합한다. '(이)세요' attaches to nouns.

받침 X	받침 O
어머니 + 세요 → 어머니**세요**	회사원 + 이세요 → 회사원**이세요**

예) 이분은 우리 어머니**세요**.

아버지는 회사원**이세요**.

저분이 박 선생님**이세요**? – 아니요, 김 선생님**이세요**.

과거 시제는 '이셨어요/셨어요'를 쓴다.

'이셨어요/셨어요' is used for past tense.

예) 어머니는 전에 회사원**이셨어요**. 지금은 주부**세요**.

주어가 '나, 저'와 같은 1인칭일 경우에는 사용할 수 없다.

This form cannot be used when the subject of the sentence is the first person such as '나 and 저'.

예) 저는 선생님이세요. (X)

→ 저는 선생님이에요. (○)

4. A/V-(으)시-

p.33

문장의 주어가 되는 사람이 화자보다 사회적으로 높게 인식될 때 그 사람을 높이기 위해 사용한다.

'-(으)시-' is used to indicate respect when the subject of the sentence holds higher social status than the speaker.

형용사, 동사와 결합한다. '-(으)시-' is inserted between adjective/verb stems and the endings.

		받침 X	받침 O
형용사	현재	친절하다 + -세요 → 친절하**세**요	많다 + -으세요 → 많**으세**요
	과거	친절하다 + -시- + -었어요 → 친절하**셨**어요	많다 + -으시- + -었어요 → 많**으셨**어요
동사	현재	가다 + -세요 → 가**세**요	읽다 + -으세요 → 읽**으세**요
	과거	가다 + -시- + -었어요 → 가**셨**어요	읽다 + -으시- + -었어요 → 읽**으셨**어요

예) 김 선생님은 친절하**세**요.

할머니는 친구가 많**으세**요.

선생님, 어디에 가**세**요? - 저는 집에 가요.

김 선생님은 지금 책을 읽**으세**요.

사장님은 어제 중국에 가**셨**어요. 지금 댁에 안 계**세**요.

어머니는 어제 비빔밥을 드**셨**어요.

주어가 '나, 저'와 같은 1인칭일 경우에는 '-(으)시-'를 사용할 수 없다.

The speaker never uses the subject honorific pre-final suffix '-(으)시-' to referring to him or herself.

예)

김 선생님은 뭘 가르치**세**요? - 김 선생님은 한국어를 가르치**세**요.

선생님은 뭘 가르치**세**요? - 나는 한국어를 가르쳐요. (○)

- 나는 한국어를 가르치세요. (X)

'-(으)셔요'도 가능하지만, '-(으)세요'가 더 보편적이다.

'-(으)세요' is more commonly used than '-(으)셔요'.

예) 아버지는 신문을 읽**으셔**요. 〈 아버지는 신문을 읽**으세**요.

10과

1. 시간

p.49

시간을 나타낼 때에는 '시'를 먼저 쓰고, 그 다음에 '분'을 쓴다.

'시' is the unit noun for hours, and '분' is the unit noun for minutes.

'시' 앞에는 '한, 두, 세 …'를 쓰고, '분' 앞에는 '일, 이, 삼 …'을 쓴다.

'시' is used with pure Korean numbers '한, 두, 세 …' for hours and '분' is used with Sino-Korean numbers '일, 이, 삼 …' for minutes.

시	분
1:00 한 **시** 2:00 두 **시** 3:00 세 **시**	1:01 한 시 일 **분** 2:15 두 시 십오 **분** 3:30 세 시 삼십 **분**

예) 지금 몇 **시**예요? – 두 **시** 십오 **분**이에요.
몇 시에 일어나요? – 일곱 **시**에 일어나요.
세 **시** 삼십 **분**에 친구를 만나요.
스티븐 씨는 열한 **시**쯤에 자요.

'삼십 분'은 '반'으로 바꿔 쓸 수 있다.

Another way of expressing '삼십 분(30minutes)' is '반(half)'.

예) 여섯 시 **삼십 분**에 저녁을 먹어요. = 여섯 시 **반**에 저녁을 먹어요.

대략적인 시간을 나타내고자 할 때는 '쯤'을 쓴다.

'쯤' is used to express approximate time.

예) 나나 씨는 한 시**쯤**(에) 점심을 먹어요.
저는 어제 열 시 반**쯤**(에) 잤어요.

오전, 오후 등의 명사와 함께 써서 때를 구분해 준다.

Time nouns such as 오전, 오후 are used together to specify the time of the day.

	AM	PM
1:00 7:00 10:00	새벽 / 오전 한 시 아침 / 오전 일곱 시 오전 열 시	낮 / 오후 한 시 저녁 / 오후 일곱 시 밤 / 오후 열 시

2. N부터 N까지

p.50

시간의 시작과 끝을 나타낸다. '부터'는 어떤 동작이나 상태의 시작 시점을 나타내며, '까지'는 동작이나 상태가 끝나는 시점을 나타낸다. 주로 'N부터'와 'N까지'가 같이 짝을 이뤄 사용되지만, 각각 단독으로 사용될 수도 있다.

'부터' indicates a period of time starting at. And '까지' indicates a point which action or state ends. 'N부터' and 'N까지' can be used together or separate.

명사와 결합한다. '부터' and '까지' attach to nouns.

	받침 X	받침 O
부터	아홉 시 + 부터 → 아홉 시**부터**	월요일 + 부터 → 월요일**부터**
까지	한 시 + 까지 → 한 시**까지**	금요일 + 까지 → 금요일**까지**

예) 몇 시**까지** 한국어를 배워요? – 아홉 시**부터** 한 시**까지** 배워요.
두 시**부터** 네 시**까지** 영화를 봤어요.
몇 시**까지** 일해요? – 오후 여섯 시**까지** 일해요.
월요일**부터** 금요일**까지** 학교에 가요.
오늘**부터** 태권도를 배워요.
8월 12일**부터** 31일**까지** 방학이에요.

어떤 범위의 시작과 끝을 나타낼 때도 사용한다.

They can also be used to express the starting point and ending point of a specified range on a scale.

예) 1과**부터** 8과**까지** 공부했어요.

25쪽**부터** 30쪽**까지** 읽으세요.

3. V-아서/어서

p.53

앞의 일과 뒤의 일이 시간적으로 이어서 일어남을 나타낼 때 사용한다. 어떤 동작을 하고 그와 관계가 있는 다른 동작을 이어서 하는 것을 의미한다.

'-아서/어서' is used to connect two clauses which occurred sequentially. This form indicates a certain continuity from the first action to the second.

동사와 결합한다. '-아서/어서' is added to verb stems.

ㅏ, ㅗ	하다	ㅓ, ㅜ, ㅣ···
만나다 + -아서 → 만**나서**	요리하다 → 요리**해서**	만들다 + -어서 → 만들**어서**

예) 어제 친구를 만**나서** 같이 영화를 봤어요.

주말에 백화점에 **가서** 옷을 샀어요.

저는 일곱 시에 일어**나서** 커피를 마셔요.

어제 식당에서 저녁 먹었어요? - 아니요, 제가 요리**해서** 먹었어요.

케이크를 만들**어서** 동생하고 먹었어요.

서울역에서 내**려서** 버스를 타요.

주로, '가다, 오다, 만나다, 만들다, 사다, 일어나다, 내리다' 같은 동사와 함께 쓴다.

This form is used mostly with some verbs such as '가다, 오다, 만나다, 만들다, 사다, 일어나다, and 내리다'.

선행절과 후행절의 주어가 같아야 한다.

The subject of the first clause and the second should be the same.

스티븐 씨는 유진 씨를 만났어요. + 유진 씨는 스티븐 씨하고 같이 영화를 봤어요.

→ 스티븐 씨는 유진 씨를 만나서 유진 씨는 스티븐 씨하고 같이 영화를 봤어요. (X)

스티븐 씨는 유진 씨를 만났어요. + 스티븐 씨는 유진 씨하고 같이 영화를 봤어요.

→ 스티븐 씨는 유진 씨를 만**나서** 영화를 봤어요. (○)

시제를 나타내는 말과 함께 쓰지 않는다.

The tense is only applied to the final clause.

저는 어제 친구를 만났어요. + 영화를 봤어요.

→ 저는 어제 친구를 만났어서 영화를 봤어요. (X)

→ 저는 어제 친구를 만**나서** 영화를 봤어요. (○)

'V-아서/어서'와 'V-고'(5과)의 비교

Distinguishing 'V-아서/어서' from 'V-고'(Unit 5)

'V-아서/어서'	'V-고'(5과)
① 두 동작 중 앞선 동작이 뒤에 이어질 동작의 전제가 됨을 나타낼 때 사용한다. '-아서/어서' indicates a certain continuity from the first action to the second. 예) 케이크를 사서 친구에게 줬어요. 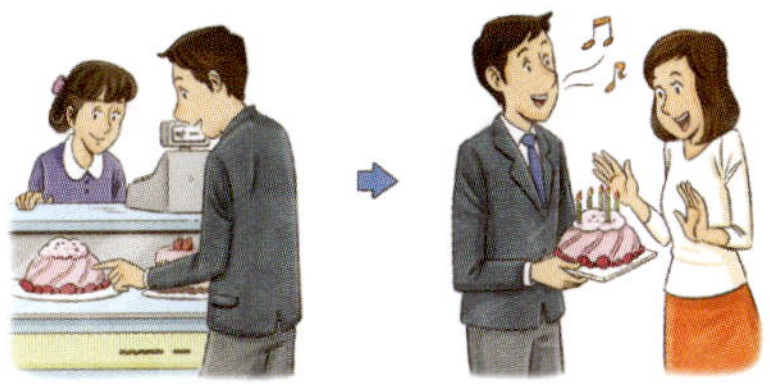	두 동작을 연관성 없이 단지 시간 순서에 따라 나타낼 때 사용한다. '-고' indicates a sequence of the two actions without continuity. 예) 케이크를 사고 친구를 만났어요. 
② 후행절의 전제가 되는 상황을 만들 수 있는 몇몇 동사와 결합한다. '-아서/어서' can be used with only certain verbs to establish a precondition for the verb in the second clause.	동사와 결합한다. '-고' may be used with all verbs.

4. V-(으)ㄹ 거예요

p.54

예정이나 가능성 등 확정되지 않은 미래의 상황을 나타낼 때 쓴다.

'-(으)ㄹ 거예요' is used to indicate a future plan or possibility.

동사와 결합한다. '-(으)ㄹ 거예요' is added to verb stems.

받침 X	받침 O
만나다 → 만날 **거예요**	읽다 → 읽을 **거예요**

예) 오늘 저녁에 친구를 만날 **거예요**.
저는 이번 방학에 부산 여행을 할 **거예요**.
토요일에 뭐 할 **거예요**? - 집에서 책을 읽**을 거예요**.
저녁에 뭐 먹**을 거예요**? - 비빔밥 먹**을 거예요**.
오늘부터 매일 한국 뉴스를 들**을 거예요**.

격식적인 상황에서는 '-(으)ㄹ 것입니다' 또는 '-(으)ㄹ 겁니다'를 사용한다.

'-(으)ㄹ 것입니다' or '-(으)ㄹ 겁니다' is used in formal settings.

예) 두시에 회의를 **할 것입니다**. 한 시 오십 분까지 오십시오.

11과

1. 'ㅡ' 탈락

p.69

형용사나 동사의 어간이 모음 'ㅡ'로 끝나는 경우, 모음 'ㅡ'는 '-아/어-'로 시작하는 어미와 결합할 때 탈락한다. 'ㅡ' 탈락 용언에는 '아프다, 바쁘다, 배고프다, 예쁘다, 쓰다, 끄다' 등이 있다.

When the last syllable of adjective stem or verb stem ends with 'ㅡ', 'ㅡ' is dropped before '-아/어-', as in the following adjectives or verbs below.

	-아요/어요	-았어요/었어요	-으세요/세요	-고	-습니다/ㅂ니다
나쁘다	나빠요	나빴어요	나쁘세요	나쁘고	나쁩니다
아프다	아파요	아팠어요	아프세요	아프고	아픕니다
바쁘다	바빠요	바빴어요	바쁘세요	바쁘고	바쁩니다
배고프다	배고파요	배고팠어요	배고프세요	배고프고	배고픕니다
예쁘다	예뻐요	예뻤어요	예쁘세요	예쁘고	예쁩니다
쓰다	써요	썼어요	쓰세요	쓰고	씁니다
끄다	꺼요	껐어요	끄세요	끄고	끕니다

예) 주말에 만날까요? – 이번 주말에는 좀 바**빠**요.
아침을 안 먹었어요. 그래서 배고**파**요.
나나 씨 여동생이 예**뻐**요.
어제 머리가 많이 아**팠**어요.
어제는 편지를 **썼**어요.
어제는 날씨가 나**빴**지만 오늘은 좋아요.

2. V-지 마세요

p.70

어떤 행위의 금지를 나타낼 때 쓴다.
'-지 마세요' expresses the prohibition of a certain action.

동사와 결합한다. '-지 마세요' is added to verb stems.

받침 X	받침 O
가다 + -지 마세요 → 가**지 마세요**	먹다 + -지 마세요 → 먹**지 마세요**

예) 저 식당에 가**지 마세요**. 비싸요.
아이스크림을 많이 먹**지 마세요**.
좀 늦을 거예요. 기다리**지 마세요**.

격식적인 상황에서는 '-지 마십시오'를 사용한다.
'-지 마십시오' is used in formal settings.

예) 여기에서 자전거를 타**지 마십시오**.

3. N만

p.73

'오직', '단지'의 뜻으로 어떤 사물이나 사실을 다른 것으로부터 제한해 최소한으로 한정할 때 쓴다.
'만' limits the noun phrase preceding it. The English equivalent for this form is 'only' or 'just'.

명사와 결합한다. '만' is added to nouns.

받침 X	받침 O
머리 + 만 → 머리**만**	기침 + 만 → 기침**만**

예) 목은 안 아파요. 머리**만** 아파요.
콧물도 나요? – 아니요, 기침**만** 해요.
커피**만** 마셨어요? – 아니요, 빵도 먹었어요.
여동생이 있어요? – 아니요, 남동생**만** 두 명 있어요.
이 꽃은 한국에**만** 있어요.

4. V-아야/어야 되다

p.74

어떤 행위에 대한 의무나 필요성을 나타낼 때 사용한다.

'-아야/어야 되다' expresses obligation or necessity to do some specified thing.

동사와 결합한다. '-아야/어야 되다' is added to verb stems.

ㅏ, ㅗ	하다	ㅓ, ㅜ, ㅣ…
오다 + -아야 되다 → **와야 되다** 사다 + -아야 되다 → **사야 되다**	하다 → **해야 되다**	먹다 + -어야 되다 → 먹**어야 되다** 읽다 + -어야 되다 → 읽**어야 되다**

예) 내일도 병원에 **와야 돼요**?

친구 생일이에요. 선물을 **사야 돼요**.

집에 가서 청소**해야 돼요**. 저녁에 손님이 오세요.

감기에 걸렸어요. 그래서 약을 먹**어야 돼요**.

책을 읽**어야 돼요**. 숙제예요.

한국어 CD를 들**어야 돼요**.

리포트를 **써야 돼요**.

'-아야/어야 되다'는 '-아야/어야 하다'로 쓰기도 한다. 비격식적인 상황에서는 '-아야/어야 되다'를, 격식적인 상황이나 글에서는 '-아야/어야 하다'를 주로 사용한다.

'-아야/어야 하다' may be used without changing meaning. While '-아야/어야 하다' is more often used for an formal setting or written language, '-아야/어야 되다' is used for an informal setting.

12과

1. A/V-지요?, N(이)지요?

p.89

자신이 알고 있는 내용에 대해 사실을 확인하고자 물어볼 때 사용한다. 이에 대한 대답에서는 '-지요'를 쓸 수 없다.

'-지요' is used to confirm something that the speaker already knows. When answering, '-지요' should not be used.

형용사, 동사, 명사와 결합한다. These forms are added to adjective stems, verb stems or nouns.

	받침 X	받침 O
형용사	복잡하다 + -지요 → 복잡하**지요**	춥다 + -지요 → 춥**지요**
동사	오다 + -지요 → 오**지요**	먹다 + -지요 → 먹**지요**
명사	학교 + 지요 → 학교**지요**	학생 + 이지요 → 학생**이지요**

예) 명동이 복잡하**지요**? – 네, 아주 복잡해요.
요즘 날씨가 춥**지요**? – 네, 추워요.
지금 비가 오**지요**? – 아니요, 지금은 비가 안 와요.
켈리 씨는 학생 식당에서 점심을 먹**지요**? – 네, 학생 식당에서 먹어요.
거기 서울대학교**지요**? – 네, 그렇습니다.
나나 씨는 학생**이지요**? – 네, 학생이에요.

과거 시제의 경우 형용사, 동사는 '–았지요/었지요', 명사는 '였지요/이었지요'와 결합한다.
For the past tense, '–았지요/었지요' is added to adjective stems and verb stems, and '였지요/이었지요' is added to nouns.
예) 어제 파티가 재미있**었지요**? – 네, 아주 재미있었어요.
샤오밍 씨는 중국에서 **왔지요**? – 네, 저는 중국 사람이에요.
어제가 마리코 씨 생일**이었지요**? – 네, 맞아요.

미래 시제의 경우 '–(으)ㄹ 거지요'와 결합한다.
For the future tense, '–(으)ㄹ 거지요' is used.
예) 방학에 고향에 **갈 거지요**?
켈리 씨도 케이크 먹**을 거지요**?

말할 때 '–지요'는 '–죠'로 줄여 쓸 수 있다.
'–지요' can be contracted to '–죠' in spoken language.
예) 거기 정우 씨 집**이지요**? = 거기 정우 씨 집**이죠**?
요즘 날씨가 춥**지요**? = 요즘 날씨가 춥**죠**?

의문사와 '(이)지요'를 같이 쓰면 '이에요/예요'를 사용해 물어보는 것보다 좀 더 부드러운 느낌을 준다. 상대가 그 대답을 알고 있다고 믿고 물어볼 때 사용한다.
When used with interrogative pronouns, '(이)지요' gives a more gentle feeling than '이에요/예요'. In these instances, the speaker expects the listener to know the answer to the question.
예) 모두 얼마**지요**? = 모두 얼마예요?
지금 몇 시**지요**? = 지금 몇 시예요?
이 사람이 누구**지요**? = 이 사람이 누구예요?
오늘이 며칠**이지요**? = 오늘이 며칠이에요?

2. V–고 있다

p.91

어떤 동작이 현재 진행되고 있음을 표현한다.
'–고 있다' indicates that an action is in progress.

동사와 결합한다. '–고 있다' is added to verb stems.

받침 X	받침 O
자다 + –고 있다 → 자**고 있다**	읽다 + –고 있다 → 읽**고 있다**

예) 유진 씨는 지금 자**고 있어요**.
지금 뭐 해요? – 책을 읽**고 있어요**.
스티븐은 뭐 하**고 있어요**? – 방에서 공부하**고 있어요**.

어떤 동작이 현재를 포함하여 일정 기간 반복, 지속되는 경우에도 '-고 있다'를 사용할 수 있다.

'-고 있다' can be used for repeating or continuing actions which last for a certain period of time.

예) 요즘 수영을 배우**고 있어요**.

마리코는 요즘 책을 쓰**고 있어요**.

동생은 학교에 다니**고 있어요**.

문장의 주어가 화자보다 나이나 사회적 지위가 높은 경우 '-고 계시다'를 사용한다.

'-고 계시다' is used when the subject of the sentence is senior or a social superior to the speaker.

예) 아버지는 지금 텔레비전을 보**고 계세요**.

선생님은 전화하**고 계세요**.

3. 못 V

p.94

뒤따르는 동사가 의미하는 동작을 할 수 없음을 나타낼 때 사용한다.

'못' is used to express that the subject of the sentence is unable to do the action of the verb.

동사와 함께 쓴다. '못' directly precedes the verb it modifies.

예) 저는 자전거를 **못** 타요.

마리코 씨는 김치를 **못** 먹어요.

피곤해요? – 네, 어제 잠을 **못** 잤어요.

어제 쇼핑했어요? – 아니요, **못** 했어요.

저는 내일 학교에 **못** 갈 거예요.

'공부하다', '운동하다'처럼 명사와 '하다'가 결합된 동사와 함께 쓸 때는 띄어쓰기에 유의한다.

Pay attention to the word spacing, when '못' is used with a verb constructed from 'noun + 하다'.

예) 스티븐 씨, 어제 유진 씨하고 전화했어요? – 아니요, 전화 **못** 했어요. (O)

– 아니요, 전화 못했어요. (X)

'못 V'과 '안 A/V'(3과)의 비교

Distinguishing '못 V' from '안 A/V'(Unit 3)

'못 V'	'안 A/V'(3과)
① 할 수 없음의 의미를 나타낸다. '못' expresses one's inability to do something. 예) 고향에 가요? – 아니요, 못 가요. 일이 많아요.	부정의 의미를 나타낸다. '안' negates an action or state. 예) 주말에 학교에 가요? – 아니요, 안 가요.
② 동사와 함께 쓴다. '못' modifies verbs.	형용사, 동사와 함께 쓴다. '안' modifies adjectives or verbs.

4. A/V-아서/어서

p.95

이유나 근거를 나타낼 때 사용한다.

'-아서/어서' is used to express reasons in cause-and-effect relationships.

형용사, 동사와 결합한다. '-아서/어서' is added to adjective stems or verb stems.

	ㅏ, ㅗ	하다	ㅓ, ㅜ, ㅣ…
형용사	많다 + -아서 → 많**아서**	따뜻하다 → 따뜻**해서**	맛있다 + -어서 → 맛있**어서**
동사	오다 + -아서 → 와서	좋아하다 → 좋아**해서**	먹다 + -어서 → 먹**어서**

예) 요즘 일이 많**아서** 너무 피곤해요.
날씨가 따뜻**해서** 기분이 좋아요.
음식이 맛있**어서** 많이 먹었어요.
너무 시끄러**워서** 공부를 못 해요.
머리가 너무 아**파서** 병원에 갔어요.
왜 여행을 못 갔어요? - 비가 많이 **와서** 못 갔어요.
커피를 좋아**해서** 매일 다섯 잔을 마셔요.
왜 밥을 안 먹어요? - 조금 전에 빵을 먹**어서** 그래요.
너무 많이 걸**어서** 다리가 아픕니다.

명사의 경우에는 '이라서/라서'를 사용한다.

'이라서/라서' is added to nouns.

예) 방학**이라서** 요즘 학교에 안 가요.
약속 시간이 열두 시**라서** 지금 가야 돼요.

명령문이나 청유문은 '-아서/어서'의 후행절이 될 수 없다.

When the final clause is imperative or propositive, '-아서/어서' cannot be used.

예) 음식이 맛있어서 많이 드세요. (X)
날씨가 좋아서 산책할까요? (X)

시제를 나타내는 말과 함께 쓰지 않는다.

The tense is expressed in the final clause, not applied to '-아서/어서'.

예) 영화가 재미있었어요. + 두 번 봤어요.
→ 영화가 재미있**어서** 두 번 봤어요. (○)
→ 영화가 재미있었어서 두 번 봤어요. (X)

13과

1. V-(으)려고 하다

p.111

어떤 행동을 할 의도나 욕망, 또는 계획을 가지고 있음을 나타낼 때 사용한다.

'-(으)려고 하다' indicates intention, desire, or plan to do a certain action.

동사와 결합한다. '-(으)려고 하다' is added to verb stems.

받침 X	받침 O
가다 + -려고 하다 → 가**려고 하다**	먹다 + -으려고 하다 → 먹**으려고 하다**

예) 집에 갈 거예요? - 아니요, 명동에서 친구 만나**려고 해요**.
여보세요, 스티븐 씨. 지금 뭐 해요? - 밥을 먹**으려고 해요**.
어제 영화를 보**려고 했지만** 표가 없어서 못 봤어요.
오늘부터 한국 뉴스를 들**으려고 해요**.

'V-(으)려고 하다'와 'V-(으)ㄹ 거예요'(10과)의 비교
Distinguishing 'V-(으)려고 하다' from 'V-(으)ㄹ 거예요'(Unit 10)

'V-(으)려고 하다'	'V-(으)ㄹ 거예요'(10과)
① 어떤 행동을 할 의도가 있음을 나타낸다. '-(으)려고 하다' is used to express intention. 예) 지금 뭐 해요? - 텔레비전을 보려고 해요.	확정되지 않은 미래의 사실을 나타낼 때 사용한다. '-(으)ㄹ 거예요' is used to express a future event. 예) 저녁에 뭐 할 거예요? - 텔레비전을 볼 거예요.

② 동사와 결합한다. '-(으)려고 하다' is added to verb stems.	동사와 결합한다. '-(으)ㄹ 거예요' is added to verb stems.
③ 과거의 사실에 대해서도 쓸 수 있다. '-(으)려고 하다' can be used for past-tense intentions. 예) 저는 어제 영화를 보**려고 했어요**. (○)	미래의 사실에 대해서만 쓸 수 있다. '-(으)ㄹ 거예요' can be used only for future events. 예) 저는 어제 영화를 볼 거예요. (×) → 저는 내일 영화를 볼 거예요. (○)

2. N에서 N까지

p.112

공간 이동의 출발점과 도착점을 나타낼 때 사용한다. '에서'는 출발점을, '까지'는 도착점을 각각 나타낸다.
'에서' is used to specify a starting point and '까지' an ending point for physical movement. The English equivalent is 'from N' 'to N'.

명사와 결합한다. '에서' and '까지' attach to nouns.

	받침 X	받침 O
에서	학교 + 에서 → 학교**에서**	명동 + 에서 → 명동**에서**
까지	N서울타워 + 까지 → N서울타워**까지**	신촌 + 까지 → 신촌**까지**

예) 학교**에서** 집**까지** 가까워요? - 아니요, 멀어요.
명동**에서** N서울타워**까지** 걸었어요.
여기**에서** 신촌**까지** 어떻게 가요? - 지하철을 타세요.
한국**에서** 중국**까지** (시간이) 얼마나 걸려요? - 두 시간쯤 걸려요.

주로 '에서'와 '까지'가 짝을 이뤄 같이 사용되지만, 각각 단독으로 사용될 수도 있다.
'에서' and '까지' are frequently used together, however, each can be used on its own.

예) 어느 나라**에서** 왔어요? – 미국**에서** 왔어요.
이 버스는 어디**까지** 가요? – 서울대학교**까지** 가요.

시간의 시작과 끝을 나타낼 때는 'N부터 N까지'를 사용한다. (10과 p.50 참고)
'N부터 N까지' is used to indicate the beginning and end of a period of time. (Unit 10)
예) 한국어 수업은 아홉 시부터 한 시까지 있어요.

3. V–아/어 주다

p.115

문장의 주어가 다른 사람을 위해 어떤 행위를 함을 나타낼 때 사용한다.
'–아/어 주다' indicates that the subject of the sentence offers a service or does something for someone else.

동사와 결합한다. '–아/어 주다' is added to verb stems.

ㅏ, ㅗ	하다	ㅓ, ㅜ, ㅣ…
닫다 + –아 주다 → 닫**아 주다**	노래하다 → 노래**해 주다**	가르치다 + –어 주다 → 가르**쳐 주다**

예) 추워요? 창문을 닫**아 줄까요**? – 네, 좀 닫**아 주세요**.
정우 씨, 한국어 숙제 좀 도**와주세요**.
선생님, 칠판에 **써 주세요**.
요즘 지연 씨가 한국 요리를 가르**쳐 줘요**.
친구가 케이크를 **사 줬어요**.
동생이 울어서 노래를 **해 줬어요**.

화자가 상대에게 도움을 주고자 그 의향을 물을 때 '–아/어 줄까요'를 사용하고, 그에 대한 대답으로는 '–아/어 주세요'를 사용한다.
'–아/어 줄까요' is used when a speaker asks a question with the intent to offer assistance. '–아/어 주세요' is used to respond to '–아/어 줄까요' question.

예) 도와**줄까요**? – 네, 좀 도와**주세요**.

주어가 화자보다 사회적 지위가 높은 경우에는 '–아/어 주시다'를 사용한다.
'–아/어 주시다' is used when the subject is higher in social status than the speaker.
예) 어머니가 이 시계를 **사 주셨어요**.
김 선생님은 우리를 잘 도**와주세요**.

4. N(으)로

p.116

이동의 방향을 나타낼 때 사용한다.
'(으)로' is used to indicate the direction of movement.

명사와 결합한다. '(으)로' is attached to nouns.

받침 O	받침 X
학교 + –로 → 학교**로**	미국 + –으로 → 미국**으로**

예) 이 버스가 서울대학교**로** 가요?
도서관이 어디에 있어요? – 앞**으로** 쭉 가세요.
다음 주에 미국**으로** 갈 거예요.
교실**로** 갈까요?

+ 받침이 'ㄹ'로 끝나는 경우, '으로'를 쓰지 않고 '로'를 쓴다.

Nouns with final consonants take '으로', except those with the final consonant 'ㄹ', which take '로'.

예) 잠실으로 가 주세요. (X)

→ 잠실**로** 가 주세요. (○)

14과

1. 'ㄹ' 탈락

p.134

'ㄹ' 받침으로 끝나는 형용사나 동사는 어미와 결합할 때 받침이 없는 것으로 여기고 매개모음 '으'를 넣지 않는다. 그리고 어미가 'ㄴ, ㅂ, ㅅ'으로 시작하는 경우 예외 없이 'ㄹ' 받침은 탈락된다.

When an adjective stem or verb stem ending with 'ㄹ' is conjugated, it is conjugated like a stem without a final consonant. Be careful not to add '으' to stems ending in 'ㄹ' and remember that the stem's final 'ㄹ' is dropped when combining with forms beginning with 'ㄴ', 'ㅂ', or 'ㅅ'.

	-아요/어요	-고	-습니다/ㅂ니다	-으세요/세요	-네요	-으려고/려고 하다
만들다	만들어요	만들고	만듭니다	만드세요	만드네요	만들려고 해요
살다	살아요	살고	삽니다	사세요	사네요	살려고 해요
팔다	팔아요	팔고	팝니다	파세요	파네요	팔려고 해요
열다	열어요	열고	엽니다	여세요	여네요	열려고 해요

예) 무엇을 만**드**세요? – 불고기를 만**듭**니다.

김 선생님은 신림동에 **사**세요.

저기 포도를 **파**네요. 우리 포도를 살까요?

더워요? 그럼 창문을 **여**세요.

+ '-(으)ㄹ까요', '-(으)ㄹ 거예요' 등 '-을/ㄹ' 형태의 어미와 결합할 때 역시 'ㄹ' 받침이 탈락된다.

'ㄹ' is dropped when followed by the '-을/ㄹ' ending in forms like '-(으)ㄹ까요' or '-(으)ㄹ 거예요'.

	-(으)ㄹ까요	-(으)ㄹ 거예요
만들다	만들까요	만들 거예요
놀다	놀까요	놀 거예요

예) 집에서 케이크를 만**들**까요?

주말에 친구를 만나서 **놀** 거예요.

2. A-(으)ㄴ N

p.135

형용사와 결합하여 명사 앞에서 그 명사를 수식하는 기능을 한다. 명사의 성격이나 상태를 구체화하고자 할 때 사용한다.

'-(으)ㄴ' is added to adjective stems so that they can modify nouns. The adjective always precedes the noun that it modifies. This form is used to specify the characteristic or state of the noun.

형용사와 결합한다. '-(으)ㄴ' is added to adjective stems, as below.

받침 ×	받침 ○	있다[없다]
따뜻하다 + -ㄴ → 따뜻한	좋다 + -은 → 좋은	재미있다 + -는 → 재미있는

예) 따뜻한 커피를 마실까요?
정우 씨는 좋**은** 친구예요.
저는 매운 음식을 못 먹어요.
지난주에 긴 코트를 하나 샀어요.
어떤 영화를 좋아하세요? – 재미있**는** 영화를 좋아해요.

3. N한테[께]

p.138

문장의 동사의 영향을 받는 대상을 나타낼 때 사용한다. 보통 말할 때는 '한테'를 사용하고, 높임의 대상인 경우에는 '께'를 사용한다.

'한테' indicates that the preceding noun is affected by the action of the verb. '한테' is frequently used in spoken language. '께' is the honorific form of '한테', and is used by the speaker to show that the receiver of the verb's action is respected.

명사와 결합한다. '한테, 께' attaches to nouns.

	받침 X	받침 O
한테	누구 + 한테 → 누구**한테**	동생 + 한테 → 동생**한테**
께	할머니 + 께 → 할머니**께**	선생님 + 께 → 선생님**께**

예) 누구**한테** 전화했어요? – 친구**한테** 전화했어요.
그 책은 누구**한테** 줄 거예요? – 동생**한테** 줄 거예요.
누가 선생님**께** 이메일을 보냈어요? – 켈리 씨가 보냈어요.
어머니**께** 무슨 선물을 드렸어요? – 가방을 사 드렸어요.

격식적인 상황에서 말할 때나 글을 쓸 때는 '에게'를 사용한다.

'에게' is used in formal settings or written language.

예) 지금부터 여러분**에게** 제 고향 이야기를 하려고 합니다.

동작의 시발점을 나타낼 때에는 '한테서'와 '에게서'를 사용한다.

'한테서' or '에게서' is used when a noun is the source or starting point of an action.

예) 스티븐 씨한테서 이야기 많이 들었어요.
할머니한테서 편지가 왔어요.
친구에게서 선물을 받았습니다.

4. V–아/어 보세요

p.139

어떤 행동을 시험적으로 해 볼 것을 권유할 때 사용한다.

'–아/어 보세요' is used to suggest or recommend that someone try a certain action.

동사와 결합한다. '–아/어 보세요' is added to verb stems.

ㅏ, ㅗ	하다	ㅓ, ㅜ, ㅣ···
가다 + –아 보세요 → **가 보세요**	전화하다 → 전화**해 보세요**	읽다 + –어 보세요 → 읽**어 보세요**

예) 부모님 선물을 사야 돼요. – 그래요? 그럼 인사동에 **가 보세요.**
오늘 숙제가 뭐예요? – 저도 몰라요. 나나 씨한테 전화**해 보세요.**
요즘 무슨 책이 재미있어요? – 이 책 한번 읽**어 보세요.**
이 식당은 뭐가 맛있어요? – 김치찌개를 한번 드**셔 보세요.**

이 노래 한번 들**어 보세요**. 정말 좋아요.

이거 무슨 말이에요? – 저도 잘 몰라요. 선생님께 물**어보세요**.

손님, 이 모자 한번 써 **보세요**.

'보다'는 '봐 보세요'의 형태를 쓰지 않고 '보세요'를 쓴다.

When '보다' is combined with this form, '보세요' is used instead of '봐 보세요'.

예) 요즘 무슨 영화가 재미있어요? – 이 영화를 **보세요**. (○)

– 이 영화를 봐 보세요. (X)

15과

1. A/V–(으)면

p.155

불확실하거나 아직 이루어지지 않은 사실을 가정하여 나타낼 때 사용한다.

'–(으)면' is used to express a condition or assumption that is uncertain or has not occurred.

형용사, 동사와 결합한다. '–(으)면' is added to adjective stems or verb stems.

	받침 X	받침 O
형용사	복잡하다 + –면 → 복잡하**면**	많다 + –으면 → 많**으면**
동사	오다 + –면 → 오**면**	받다 + –으면 → 받**으면**

예) 길이 복잡하**면** 지하철을 타세요.

사람이 많**으면** 다음에 갈 거예요.

음식이 너무 매우**면** 우유를 드세요.

내일 비가 오**면** 집에서 쉴 거예요.

집에 도착하**면** 전화하세요.

생일에 무슨 선물을 받**으면** 좋아요?

이 구두를 신고 걸**으면** 다리가 아파요.

나나 씨 전화번호를 알**면** 가르쳐 주세요.

'ㅂ' 불규칙 형용사(추우면, 더우면, 매우면, 쉬우면, 어려우면), 'ㄹ' 탈락 형용사, 동사(길면, 멀면, 만들면, 살면), 'ㄷ' 불규칙 동사(들으면, 걸으면)의 활용에 유의한다.

Pay attention to the conjugation of '–(으)면' with 'ㅂ' irregular adjectives (추우면, 더우면, 매우면, 쉬우면, 어려우면), 'ㄹ' irregular adjectives or verbs (길면, 멀면, 만들면, 살면), and 'ㄷ' irregular verbs (들으면, 걸으면).

2. V–는 N

p.156

동사와 결합하여 명사를 수식하는 기능을 한다. 명사의 성격이나 상태를 구체화하고자 할 때 사용한다.

'–는' is added to verbs so that they can modify nouns, providing specific information on the states of nouns.

동사와 결합한다. '–는' attaches to verb stems.

받침 X	받침 O
배우다 + –는 → 배우**는**	먹다 + –는 → 먹**는**

예) 요즘 한국어를 배우**는** 사람들이 많아요.

김치는 한국 사람들이 매일 먹**는** 음식이에요.

지금은 쉬**는** 시간입니다.

무슨 과일을 좋아해요? – 제가 좋아하**는** 과일은 딸기예요.

그 회사는 휴대폰을 만드**는** 회사예요.

스티븐은 내가 잘 아**는** 친구예요.

➕ 관형절의 주어는 '은/는'이 아니라 '이/가'를 쓴다.

'이/가' attaches to a subject that is included in an adnominal clause. See the example below.

예) 나는 다니는 회사는 강남에 있어요. (X)

→ 내가 다니**는** 회사는 강남에 있어요. (◯)

3. V–고 싶다

p.159

화자가 자신의 희망을 나타낼 때, 또는 상대방의 희망을 물어볼 때 사용한다.

'–고 싶다' is used when the speaker expresses a hope or desire or when the speaker asks about the listener's hope or desire.

동사와 결합한다. '–고 싶다' is added to verb stems.

받침 X	받침 O
사다 + –고 싶다 → 사**고 싶다**	읽다 + –고 싶다 → 읽**고 싶다**

예) 모자를 하나 사**고 싶어요**.

어떤 책을 읽**고 싶으세요**? – 재미있는 책을 읽**고 싶어요**.

오늘은 피곤해서 쉬**고 싶어요**.

저는 한국어를 잘하**고 싶어요**.

어제 연극을 보**고 싶었지만** 못 봤어요.

4. V–고 싶어 하다

p.160

화자 자신이 아닌 다른 사람의 희망을 나타낼 때 사용한다.

'–고 싶어 하다' is used to express a third person's hope or desire.

동사와 결합한다. '-고 싶어 하다' is added to verb stems.

받침 X	받침 O
사다 + –고 싶어 하다 → 사**고 싶어 하다**	먹다 + –고 싶어 하다 → 먹**고 싶어 하다**

예) 켈리 씨는 운동화를 사**고 싶어 해요**.

제 동생은 불고기를 먹**고 싶어 해요**.

어제 뭘 했어요? – 친구가 쇼핑하**고 싶어 해서** 같이 백화점에 갔어요.

➕ 'V–고 싶다'는 화자가 자신의 희망을 나타낼 때, 또는 상대에게 원하는 것을 물어볼 때 사용하고, 'V–고 싶어 하다'는 화자와 청자를 제외한 다른 사람의 희망을 말할 때 사용한다.

While '–고 싶다' is used to express the speaker's hope or to ask about the listener's hope, '–고 싶어 하다' is used to express a third person's hope.

➕ '싶다'는 형용사지만 '싶어 하다'는 동사이므로 활용 시에 주의해야 한다.

'-고 싶다' and '-고 싶어 하다' conjugate differently. Pay attention to the conjugation. '-고 싶다' is conjugated as an adjective, but '-고 싶어하다' is conjugated as a verb.

예) 제가 먹**고 싶은** 음식은 냉면이에요.
그리고 나나 씨가 먹**고 싶어 하는** 음식은 불고기예요.

16과

1. V-(으)ㄹ 수 있다[없다]

p.177

어떤 일이 일어날 가능성이나 어떤 일을 할 수 있는 능력을 나타낼 때 사용한다. 그러한 가능성이나 능력이 있을 때는 '-(으)ㄹ 수 있다'를 사용하고, 없을 때는 '-(으)ㄹ 수 없다'를 사용한다.

'-(으)ㄹ 수 있다' is used to express possibility or ability. To negate possibility, '-(으)ㄹ 수 없다' is used.

동사와 결합한다. '-(으)ㄹ 수 있다[없다]' is added to verb stems.

	받침 X	받침 O
동사	가다 + -ㄹ 수 있다[없다] → 갈 **수 있다[없다]**	받다 + -을 수 있다[없다] → 받**을 수 있다[없다]**

예) 오늘 모임에 갈 **수 있어요**? - 아니요, 오늘은 갈 **수 없어요**.
스티븐 씨는 미국 사람이지만 한국말을 할 **수 있어요**.
열심히 공부하면 좋은 점수를 받**을 수 있을 거예요**.
배가 아파서 지금은 밥을 먹**을 수 없어요**.
한국 뉴스 들어요? - 아니요, 너무 어려워서 들**을 수 없어요**.
저는 불고기를 만들 **수 있어요**.

➕ 가능성이나 능력의 유무에 대한 질문에 부정으로 대답해야 할 경우에는 '-(으)ㄹ 수 없다'보다는 '못'으로 이야기하는 것이 자연스럽다.

When negating a question asking possibility or ability, placing '못' before the action is more natural than answering with '-(으)ㄹ 수 없다'.

예) 오늘 모임에 갈 **수 있어요**? - 아니요, 오늘은 못 가요.

2. V-(으)ㄹ게요

p.178

구어에서 화자가 어떤 행동을 할 것을 청자에게 약속할 때 사용한다.

'-(으)ㄹ게요' is used in spoken language when a speaker promises a listener to do a certain action.

동사와 결합한다. '-(으)ㄹ게요' is added to verb stems.

	받침 X	받침 O
동사	오다 + -ㄹ게요 → 올**게요**	먹다 + -을게요 → 먹**을게요**

예) 내일은 일찍 오세요. – 네, 일찍 올**게요**.
제가 바빠서 친구들한테 연락을 못 했어요. – 그럼 제가 연락할**게요**.
케이크하고 카드는 제가 준비할**게요**.
이 약은 매일 드셔야 돼요. – 네, 매일 먹**을게요**.
한국어 CD 좀 들으세요. – 네, 많이 들**을게요**.
누가 음식을 만들 거예요? – 제가 만들**게요**.
창문 좀 열어 주세요. – 제가 열**게요**.

➕ 화자 자신의 행동에 대한 약속이므로 '–(으)ㄹ게요'의 주어는 1인칭 주어, 즉 '저' 혹은 '나', '우리'만 쓸 수 있다.
Since '–(으)ㄹ게요' is used to express one's intent, the subject of the sentence should only be the first person as are '저', '나', and '우리'.
예) 누가 케이크를 살 거예요? – 제가/내가/우리가 살**게요**. (○)
– 스티븐 씨가 살게요. (X)
– 스티븐 씨가 살 거예요. (○)

3. V–(으)러 가다[오다]

p.181

이동하는 목적을 나타낼 때 사용한다.
'–(으)러 가다[오다]' is used to express the purpose of going and coming.

동사와 결합한다. '–(으)러 가다[오다]' is added to verb stems.

	받침 X	받침 O
동사	바꾸다 + –러 가다 → 바꾸**러 가다**	먹다 + –으러 가다 → 먹**으러 가다**

예) 백화점에 옷을 바꾸**러 가요**.
은행에 뭐 하**러 가요**? – 돈을 찾**으러 가요**.
우리 집에 저녁 먹**으러 오세요**.
주말에 나나 씨 집에 놀**러 갈 거예요**.

➕ 'ㄹ' 탈락 동사의 활용에 유의한다.
Pay attention to conjugations with 'ㄹ' irregular verbs.
예) 한국에 살으러 왔어요. (X)
→ 한국에 살**러 왔어요**. (○)

4. V–(으)면서

p.182

두 개의 동작을 동시에 할 때 사용한다.
'–(으)면서' is used to express that two actions occur simultaneously.

동사와 결합한다. '–(으)면서' is added to verb stems.

	받침 X	받침 O
동사	운전하다 + –면서 → 운전하**면서**	읽다 + –으면서 → 읽**으면서**

예) 운전하**면서** 전화하지 마세요.
신문을 읽**으면서** 기다리세요.
저는 음악을 들**으면서** 공부해요.
스티븐과 유진은 케이크를 만들**면서** 이야기했어요.

➕ 앞, 뒤 문장의 주어는 같아야 한다.

The subject of the first clause and the final clause should be the same.

예) 나는 숙제하면서 동생은 음악을 들어요. (X)

나는 숙제하**면서** 음악을 들어요. (○)

➕ 과거의 행위라고 하더라도 '–(으)면서' 앞에는 과거 시제를 사용하지 않는다. 시제는 뒤에 오는 문장에만 쓴다.

To express a past event, the tense is applied only to the final clause.

예) 어제 친구하고 커피를 마셨으면서 이야기했어요. (X)

→ 어제 친구하고 커피를 마시**면서** 이야기했어요. (○)

문화 해설 Culture Extension

9과 한국인의 나이 Korean age

p.41

Q 한국 사람들은 나이를 어떻게 계산합니까?

How do Koreans calculate their age?

A 한국에서는 같은 해에 태어난 사람들은 모두 같은 나이로 여깁니다. 그리고 1월 1일 새해가 되면 모두 다 같이 한 살을 더 먹습니다. 그러므로 한국 나이는 생일과 상관없이 현재 연도에서 태어난 연도를 뺀 후 다시 1을 더하면 됩니다. 여기서 1을 더하는 이유는 한국에서는 아기가 태어나면 바로 한 살이 되기 때문입니다.

In Korea, everyone who was born in the same year is considered to be the same age. And everyone gets one year older on the 1st of January. Therefore, in order to calculate Korean age, subtract the year of your birth from the current year then add one year.

Q 한국에서는 왜 아기가 태어나자마자 한 살이 됩니까?

Why are Korean newborn babies already one year old?

A 태아가 엄마 뱃속에 있는 열 달을 일 년으로 치기 때문에 태어나자마자 한 살이 되는 것입니다.

Koreans count the time that a baby spends in the womb, so newborns are considered to be a year old.

Q 한국에서는 한국 나이만 사용해야 합니까?

Is only the Korean age system used in Korea?

A 그렇지 않습니다. 일상적으로는 전통적으로 사용해 온 한국 나이를 주로 사용하지만 상황에 따라서는 만 나이를 사용하기도 합니다. 그리고 공식적으로는 모두 만 나이를 기준으로 사용하고 있습니다.

No, it is not. The Korean age system is commonly used in everyday life. However, officially, the international age system is used as well.

10과 공공 기관 이용 시간 Operating hours for public facilities p.62

Q 한국의 공공 기관 이용 시간은 어떻게 됩니까?

What are the business hours of public offices in Korea?

A 우체국이나 구청, 동사무소 같은 일반적인 공공 기관의 근무 시간은 오전 9시부터 오후 6시까지입니다. 주 5일 근무(월요일 ~ 금요일)를 합니다. 토요일, 일요일 및 법정 공휴일은 모두 쉽니다.

Public offices such as post offices or district offices are open weekdays from 9 A.M. to 6 P.M. They are closed on weekends and national holidays.

Q 저는 평일에는 직장에서 근무를 하기 때문에 은행에 갈 수 없는 외국인입니다. 주말에 은행 업무를 봐야 하는데 어떻게 해야 합니까?

I am a foreign worker who works all day during weekdays, so I cannot go to the bank. I have to go to a bank on the weekend. What is the best way?

A 평일 영업시간 중 은행 방문이 곤란한 외국인들이 편리하게 해외 송금 등을 할 수 있도록 휴일에도 문을 여는 은행이 있습니다. 외국인이 많이 살고 있는 대림동, 혜화동 일부 은행 지점에서는 일요일 오전 10시부터 오후 4시까지 환전과 해외 송금 업무를 처리할 수 있습니다.

There are banks that open on weekends so people who have trouble going to a bank during their weekday working hours can wire money, etc. In areas where many foreigners reside, such as Daerim-dong or Hyehwa-dong, several bank branches with currency exchange and foreign money transfer services are open on Sundays from 10 A.M. to 4 P.M.

11과 감기의 민간요법 Home remedies for a cold p.81

Q 한국 사람들은 감기에 걸렸을 때 어떻게 합니까?

What do Koreans do if they catch a cold?

A 감기는 바이러스에 의한 질병이지만, 예로부터 한국 사람들은 몸에 찬 기운이 들었을 때 감기에 걸린다고 생각해서 몸을 따뜻하게 만들어 주는 여러 가지 방법을 민간요법으로 사용해 왔습니다. 코에 파를 붙인다거나 마사지를 하는 것 등은 몸을 따뜻하게 만들기 위한 방법입니다. 또한 약 대신 손쉽게 구할 수 있는 생강, 도라지, 모과, 배 등의 재료들을 가지고 따뜻한 차를 끓여 먹는 것도 한국 사람들이 즐겨 사용하는 감기의 치료법입니다.

The common cold is caused by a variety of viral infections. Koreans have traditionally used various home remedies that warm their bodies to treat colds, because they have believed that colds are caused by cold energy coming into the body. Putting green onions on the nose and warming massages are two examples of ways to raise body temperature. Making hot teas using easily accessible ingredients such as ginger, bellflower root, quince, and pear is another common home remedy favored by Koreans.

12과 긴급 전화 Emergency call p.103

Q 112나 119에 전화하면 어떤 도움을 받을 수 있습니까?

What assistance can you get from 112 or 119?

A 112는 교통정리에서부터 범인 검거까지 국민의 생명과 질서를 유지하기 위한 치안을 담당합니다. 119는 화재를 진압하고 사고를 당한 사람들에게 응급 처치를 합니다. 이외에도 긴급을 요하는 상황에서는 언제든지 무료로 도움을 받을 수 있습니다.

112 connects the caller to a public safety hotline that provides services related to public health and societal order, such as traffic information and the reporting of criminals. 119 connects the caller to an emergency response service that deals with any urgent situation, whether a crime, medical emergency, or accident, such as a fire.

Q 공중전화에서 112나 119에 무료로 통화할 수 있습니까?

Can I call 112 or 119 for free with a public phone?

A 공중전화는 길을 가다가 사고를 목격하거나 급박한 상황일 때 누구나 신고할 수 있도록 무료 통화가 가능합니다. 공중전화의 긴급 버튼을 누르면 무료로 전화를 걸 수 있습니다. 숫자 3개까지만 누를 수 있기 때문에 긴급 버튼으로는 일반 전화번호에 연결할 수 없습니다.

Using a public phone you can report any emergency without a coin or card by pressing the emergency button on the phone. This button allows you to make only 3-digit calls, such as 112 or 119.

13과 대중교통 요금과 교통카드 Public transportation fares and transportation cards p.125

Q 지하철과 버스의 요금은 어떻게 됩니까?

How are bus or subway fares calculated?

A 지하철의 경우 이동 거리가 멀면 요금도 비싸집니다. 그리고 버스의 경우는 하나의 버스를 한 번만 이용하면 거리와 상관없이 기본요금만 내면 됩니다. 그렇지만 버스에서 다른 버스나 지하철로, 또는 지하철에서 버스로 갈아타는 경우에는 10km까지는 기본요금을 내고 그 이후부터는 가는 거리에 따라 추가 요금만 내면 되기 때문에 요금 할인 효과가 있습니다.

For the subway, there is a basic fare and an additional charge is added according to the distance of travel. For buses, only a basic fare is charged, regardless of distance. bus-bus and bus-subway transfers are free of charge but an additional distance fee may be added.

Q 갈아탈 때 요금 할인을 받으려면 어떻게 해야 됩니까?

How do I get a discount when transferring?

A 교통카드를 사용해야만 환승 할인을 받을 수 있습니다. 현금으로 요금을 내면 버스나 지하철을 탈 때마다 요금을 내야 하지만, 교통카드 사용 시에는 지하철이나 버스에서 내려서 30분 안에 갈아타면 할인을 받을 수 있습니다. 이때 주의할 점은 버스에서 다른 교통수단으로 갈아탔거나 갈아탈 예정인 경우에는 내릴 때 반드시 단말기에 교통카드를 대야 한다는 것입니다. 그렇지 않으면 이동 거리를 계산할 수 없어서 할인을 받을 수 없습니다.

Only transportation card users can get the transfer discount. If a transportation card was not used, you must pay at each transfer. For transfer discounts, you must board the new form of transportation within 30 minutes after swiping your card upon exiting the previous form of transportation. When you need to transfer, you must touch the card to the card sensor in order to calculate the travel distance and receive a discount.

Q 교통카드는 어디에서 살 수 있습니까?

Where do I purchase a transportation card?

A 버스 정류장 근처 지정 가판대나 편의점 또는 지하철역에서 살 수 있으며, 일부 은행이나 우체국에서도 구입이 가능합니다. 교통카드 충전 역시 지정 가판대와 편의점 그리고 지하철역에서 원하는 금액만큼 할 수 있습니다. 그리고 만약 이러한 충전식 교통카드가 불편한 경우에는 교통카드 기능이 포함된 신용카드를 사용하면 됩니다.

You can purchase transportation cards at nearly all convenience stores, designated street vendors near bus stops, subway ticket booths, as well as some banks and post offices. When the balance is low, your card can be recharged by cash at any T-money vendor, designated street vendor, convenience store, or subway station. If this recharging system is inconvenient for you, you may use a credit card that also functions as a transportation card.

14과 선물 금기 Gift-giving taboos p.147

Q 한국에서 선물을 살 때 유의해야 할 것들이 있습니까?

Are there special considerations when giving gifts in Korea?

A 연인에게 줄 선물을 살 때에는 구두 이외에도 손수건을 피하는 것이 좋습니다. 손수건은 이별이나 눈물을 의미하기 때문에 연인 사이에서는 선물하지 않습니다. 아픈 사람을 병문안하기 위해 선물을 준비할 경우에는 흰색 꽃을 사지 않습니다. 특히 숫자 4는 죽음을 뜻하는 한자 '死(사)'와 음이 같기 때문에 네 개 단위의 선물(꽃 네 송이, 사과 네 개 등)은 피하는 것이 좋습니다.

When giving gifts to a boyfriend or girlfriend, shoes and handkerchiefs should be avoided. Handkerchiefs symbolize parting or tears, so couples don't exchange them as gifts. Gifts for patients should never be anything associated with death. This includes white flowers or any gift that comes in a set of four (four flowers, four apples, etc.). In Korea, the number four is associated with death because the word for four (사 四) has the same sound as the word for death (死).

Q 외국 사람들이 많이 가는 한국의 여행지는 어디예요?

What are some of the popular travel destinations in Korea among foreign travelers?

A 외국 사람들이 가장 많이 찾는 여행지는 서울입니다. 서울은 한국의 수도이면서 경제와 문화의 중심지이기 때문에 한국을 여행하는 외국인들은 대부분 서울을 방문하게 됩니다. 서울 다음으로 많이 가는 곳은 제주도이고, 그 다음이 부산, 인천, 대구, 광주 같은 대도시입니다. 한국의 역사에 관심이 있는 사람들은 경주를 많이 찾고, 한국의 전통문화를 경험할 수 있는 안동의 하회마을이나 드라마 촬영지로 유명한 춘천의 남이섬 같은 곳도 인기가 있습니다.

The most visited place is Seoul. It is Korea's capital and the center of economy and culture. The next most frequently visited place is Jeju Island, followed by cities such as Busan, Incheon, Daegu, and Gwangju. People interested in history often tour the city of Gyeongju or the Hahoe Village in the city of Andong where one can experience Korean traditional culture. Chuncheon's Nami Island is also favored by many and is where some Korean television dramas were filmed.

Q 서울에서는 어디를 구경하면 좋아요?

Where can one go for sightseeing in Seoul?

A 서울에서 외국 사람들이 가장 좋아하는 곳은 명동입니다. 명동은 백화점과 가게들이 모여 있어서 쇼핑하기에 좋습니다. 동대문시장이나 남대문시장도 외국 사람들이 좋아하는 쇼핑 장소입니다. 그 밖에 경복궁, 덕수궁 같은 고궁이나 인사동을 찾는 사람들도 많습니다. 또 다른 서울의 명소로 'N서울타워'를 꼽을 수 있고, 각종 박물관이나 미술관, 기념관도 한번 들를 만한 곳이 많습니다. 더 자세한 정보는 서울시 공식문화관광 포털(www.visitseoul.net)에서 얻을 수 있습니다.

Myeong-dong is the most favored district to visit among foreign travelers. Department stores and numerous smaller shops are abundant here, making it convenient for shopping. The Eastgate Market and the Southgate Market are also heavily sought after shopping areas. Insa-dong is visited for its artsy vendors. Aside from shopping, many people visit ancient palaces such as Gyeongbok Palace or Deoksu Palace. Another popular place to see in Seoul is the N Seoul Tower. One can also tour the many museums, art galleries, or commemorative buildings. For more detailed information, visit Korea's culture and tourism site at www.visitseoul.net.

Q 한국에서는 이사한 집에 초대를 받으면 왜 세제나 휴지를 선물합니까?

Why are laundry detergent and toilet paper common gifts for housewarming parties in Korea?

A 한국에는 이사를 하면 가족이나 친구 같이 가까운 사람들을 집으로 초대해서 같이 식사를 하는 전통이 있습니다. 이것을 '집들이'라고 하는데, 집들이는 손님들에게 새 집의 위치를 알려주고, 같이 모여서 이사하게 된 것을 축하하는 목적이 있습니다. 그렇지만 조선시대에는 집들이가 지금과는 그 의미나 풍습이 달랐습니다. 집들이는 글자 그대로 '집으로 들어가는 이사 그 자체'를 의미했으며, 이사한 첫날 새집에서 좋은 출발을 하고자 음식을 장만해 제사를 지내는 풍습이 있었는데 그것이 현재의 집들이로 이어지게 된 것이라고 합니다. 이처럼 복을 기원하고 나쁜 기운을 깨끗이 씻어내려고 했던 풍습의 영향이 현대에도 남아 휴지나 세제 등을 집들이 선물로 하게 된 것입니다. 휴지를 선물하는 것은 새 집에서 모든 일이 휴지처럼 잘 풀리기를 바란다는 뜻이며, 세제를 선물하는 것은 행복이 세제 거품처럼 일기를 바란다는 뜻입니다.

When Koreans move into a new home, they traditionally hold a housewarming party called a Jipdeuri. They invite family or friends over for lunch or dinner to celebrate and notify them of the location of the new residence. However, the customs and meaning of Jipdeuri were different during the Joseon dynasty. Jipdeuri literally means moving into a new house. People in the Joseon dynasty practiced ancestor worship on the first day in a new home to wish for prosperity and to expel bad energy. This custom remains today as a housewarming party, and homeowners are given toilet paper or laundry detergent to enhance the prosperity of the new home. Giving gifts such as toilet paper or laundry detergent can also have alternate meanings. Toilet paper represents that life in the new residence smoothly unrolls like toilet paper does. And laundry detergent represents that the new homeowners have their happiness bubble up like detergent.

듣기 지문 Listening Scripts

9과

듣기 1 track 08 p.36

1) **여** 가족이 몇 명이세요?
   남 우리 가족은 모두 다섯이에요. 아버지하고 어머니가 계시고, 누나가 한 명, 남동생이 하나 있어요.
2) **여** 가족이 몇 명이세요?
   남 할머니, 아버지, 어머니 그리고 저, 모두 네 명이에요.
3) **남** 가족이 어떻게 되세요?
   여 남편하고 저 그리고 강아지가 하나 있어요.
4) **여** 가족이 어떻게 되세요?
   남 딸 하나하고 아내, 모두 셋이에요.
5) **남** 가족이 몇 명이에요?
   여 모두 네 명이에요. 아버지하고 어머니가 계시고, 언니가 한 명 있어요.

듣기 2 track 09 p.37

남 유진 씨, 카메라가 아주 좋네요.
여 이거요? 언니가 줬어요.
남 어, 유진 씨 언니가 있어요?
여 네. 언니가 한 명, 오빠가 한 명 있어요.
잠깐만요. 여기 우리 가족사진이 있어요.
이 사람이 우리 언니예요.
남 언니가 아주 미인이네요. 언니가 몇 살이에요?
여 스물일곱 살이에요. 미국에서 컴퓨터 회사에 다녀요.
남 그래요? 그럼 이 사람이 유진 씨 오빠예요?
여 네, 우리 오빠예요.
남 유진 씨 오빠하고 언니도 한국말을 잘해요?
여 오빠는 잘하지만 언니는 잘 못해요.
남 이분이 아버지세요?
여 네. 그리고 그 옆은 우리 어머니세요.
남 아버지는 무슨 일을 하세요?
여 의사세요.

10과

듣기 1 track 18 p.56

어제는 일요일이었습니다. 그래서 아침 열 시에 일어났습니다. 열 시 반에 아침을 먹고 방을 청소했습니다. 오후 두 시부터 세 시 반까지 텔레비전을 봤습니다. 여섯 시에 시장에 가서 과일과 우유를 샀습니다. 일곱 시쯤에 저녁을 먹고 한국어 숙제를 했습니다. 열한 시쯤에 샤워를 하고 열두 시에 잤습니다.

듣기 2 track 19 p.57

남 나나 씨, 오늘 영화 같이 볼까요?
여 미안해요. 오늘은 시간이 없어요. 오늘부터 아르바이트를 해요.
남 무슨 아르바이트를 해요?
여 월요일부터 금요일까지 중국어를 가르쳐요.
남 그럼 토요일은 어때요?
여 좋아요. 어디에서 만날까요? 극장 앞에서 만날까요?
남 아니요, 극장 앞은 복잡해요. 학교 앞에서 만나서 같이 가요.
여 그래요. 몇 시에 만날까요?
남 열두 시쯤에 만나서 같이 점심을 먹고 두 시쯤에 영화를 봐요.
여 좋아요. 그럼 토요일에 만나요.

11과

듣기 1 track 28 p.76

1) **남** 어디가 아프세요?
   여 열이 조금 있고 머리가 아파요.
2) **남** 어디가 아프세요?
   여 배가 아프고 열이 나요.
3) **남** 어떻게 오셨어요?
   여 어깨하고 팔이 아파요.
4) **여** 여기 앉으세요. 어떻게 오셨어요?
   남 허리가 아파요.
   여 다리도 아프세요?
   남 네, 다리도 좀 아파요.
5) **여** 어디가 아프세요?
   남 기침을 많이 해요.
   여 목도 아프세요?
   남 아니요, 목은 안 아프고 귀만 아파요.

듣기 2

track 29 p.77

여1 나나 씨, 기침을 많이 하네요. 감기에 걸렸어요?

여2 네. 기침도 하고 콧물도 나요.

여1 열도 나요?

여2 아니요, 열은 안 나요.

여1 지난주에 저도 아팠어요.

여2 마리코 씨도 아팠어요? 지금은 어때요? 괜찮아요?

여1 병원에도 가고 약도 먹었어요. 그래서 지금은 괜찮아요. 나나 씨, 병원에 갔어요?

여2 아니요. 이번 주는 바빠요. 시간이 없어요.

여1 그럼 물을 많이 마시고 푹 쉬어야 돼요. 잠도 많이 자고요. 오렌지 주스는 괜찮지만 커피는 마시지 마세요.

여2 네, 고마워요.

12과

듣기 1

track 39 p.98

1) **남** 켈리 씨, 휴대폰 번호가 어떻게 되세요?
여 010, 6829의 1410이에요.

2) **남** 서울대학교 전화번호가 몇 번이에요?
여 880의 5114예요.
남 5113요?
여 아니요. 5114요.

3) **남** 거기 헬로우피자지요?
여 아니요. 몇 번에 전화하셨어요?
남 712의 3941 아니에요?
여 아니요. 여기는 712의 3942입니다.
남 죄송합니다.

4) **여** 아키라 씨, 오사카의 무슨 호텔이 좋아요?
남 글쎄요. 그런데 왜요?
여 제가 이번 방학에 오사카에 여행을 가요.
남 아, 그래요? 그럼 미유키한테 전화하세요. 미유키 고향이 오사카예요. 전화번호가... 81의 6, 245의 0323이에요.
여 고마워요.

듣기 2

track 40 p.99

여 여보세요.

남 여보세요. 마리코 씨 휴대폰이지요?

여 네. 실례지만 누구세요?

남 저 줄리앙이에요. 지금 전화 괜찮아요?

여 네, 괜찮아요. 숙제하고 있었어요. 그런데 무슨 일이에요?

남 이번 주 목요일이 스티븐 생일이에요. 그래서 주말에 생일 파티를 할 거예요.

여 아! 아키라 씨한테서 문자 받았어요. 이번 주 토요일이지요?

남 네. 마리코 씨도 꼭 오세요. 켈리 씨하고 샤오밍 씨도 올 거예요.

여 미안해요. 저는 일이 있어서 파티에 못 가요.

남 그래요? 무슨 일 있어요?

여 부모님이 한국에 오셔서 공항에 가야 돼요.

남 아, 네. 그럼 다음에 만나요.

여 네. 파티에 못 가서 미안해요.

남 아니에요. 부모님하고 주말 잘 보내세요. 안녕히 계세요.

13과

듣기 1

track 49 p.119

1) **남** 서울대학교에 가려고 해요. 몇 번 버스를 타야 돼요?
여 5511번 버스를 타고 서울대 정문에서 내리세요.

2) **남** 472번 버스가 명동으로 가요?
여 아니요, 안 가요. 421번 버스를 타고 명동 입구에서 내리세요.

3) **남** 미래백화점에 가려고 해요. 몇 번 버스를 타야 돼요?
여 602번 버스를 타고 신촌역에서 내리세요.

4) **남** 지연 씨 집에 어떻게 가요?
여 학교 앞에서 504번 버스를 타세요.
남 어디에서 내려야 돼요?
여 보라매 공원에서 내리세요.

5) **남** 꽃을 사려고 해요. 어디에 가야 돼요?
여 양재 꽃 시장에 가세요. 거기에 꽃이 많아요.
남 그래요? 거기에 어떻게 가요?
여 148번 버스를 타고 고속버스 터미널에서 내리세요.

듣기 2
track 50 p.120

남 켈리 씨, 지난주에 청계천에 갔지요?

여 네, 그래요. 왜요?

남 중국에서 친구가 왔어요. 그래서 저도 친구하고 같이 청계천에 가려고 해요. 켈리 씨는 청계천에 어떻게 갔어요? 좀 가르쳐 주세요.

여 저는 버스를 타고 갔어요. 506번 버스가 청계천으로 가요.

남 학교에서 청계천까지 얼마나 걸려요?

여 한 시간쯤 걸려요. 그런데 샤오밍 씨, 언제 갈 거예요?

남 금요일에 가려고 해요.

여 그럼 버스도 좋지만 지하철을 타세요. 금요일에는 길이 아주 복잡해요.

남 그래요? 지하철 몇 호선을 타야 돼요?

여 서울대입구역에서 지하철 2호선을 타고 가세요. 그리고 시청역에서 내리세요.

남 청계천이 시청역에서 가까워요?

여 네, 가까워요. 걸어서 5분쯤 걸려요.

남 고마워요, 켈리 씨.

14과

듣기 1
track 59 p.142

1) **남1** 스티븐 씨, 내일이 화이트데이네요.

남2 화이트데이요? 그게 뭐예요?

남1 한국에서는 3월 14일에 남자 친구가 여자 친구한테 사탕을 줘요.

남2 그럼 밸런타인데이에는 뭘 해요?

남1 2월 14일에는 여자 친구가 남자 친구한테 초콜릿을 선물해요.

남2 그래요? 미국에서는 밸런타인데이에 남자도 여자 친구한테 선물해요.

남1 그렇군요. 내일 유진 씨한테 예쁜 사탕을 선물해 보세요. 유진 씨가 좋아할 거예요.

남2 한국에는 재미있는 날이 많이 있네요. 그런데 어디에서 화이트데이 사탕을 팔아요?

남1 여기저기 다 있어요. 가까운 가게에 지금 같이 가요.

남2 네, 같이 가요.

듣기 2
track 60 p.142

선생님 주말에 같이 관악산에 갈까요?

학생들 네, 좋아요.

선생님 그럼 토요일 아침 아홉 시까지 서울대입구역으로 오세요.

학생 1 선생님, 관악산이 높아요?

선생님 아니요, 안 높아요. 등산을 하고 내려와서 점심을 먹을 거예요.

학생 2 어떤 옷을 입어야 돼요?

선생님 편한 옷을 입으세요. 치마는 입지 마세요.

학생 2 산 위는 날씨가 어때요?

선생님 산 위에서는 좀 춥지만 두꺼운 옷은 입지 마세요. 얇은 옷을 많이 입으세요.

학생 3 모자도 써야 돼요?

선생님 네, 쓰세요.

학생 3 등산화를 꼭 신어야 돼요?

선생님 아니요. 그렇지만 구두는 불편해요. 편한 운동화를 신으세요.

15과

듣기 1
track 69 p.163

1) **남** 켈리 씨, 시간이 있으면 뭘 하고 싶어요?

여 서울 시내 구경을 하고 싶어요. 맛있는 음식도 먹고 쇼핑도 하고 싶어요.

2) **여** 줄리앙 씨, 우리 이번 방학에 친구들하고 같이 여행 갈까요?

남 여행요? 글쎄요. 저는 사람이 많은 곳에 가면 더 피곤해요. 그래서 방학을 하면 집에서 쉬고 싶어요.

3) **여1** 나나 씨, 이번 방학에 시간 있으면 같이 여행 갈까요?

여2 여행도 좋지만 이번 방학에는 고향에 가서 가족들을 만나고 싶어요.

4) **남1** 스티븐 씨, 우리 같이 여행 갈까요? 설악산 어때요?

남2 산도 좋지만 이번에는 바다로 가고 싶어요.

5) **남** 요즘 일이 많아서 너무 피곤해요.

여 저도 그래요. 민수 씨는 휴가를 받으면 뭘 하고 싶어요?

남 휴가가 짧아서 여행은 못 가고 영화도 보고 책도 좀 읽고 싶어요.

듣기 2

track 70 p.164

여1 마리코 씨, 오랜만이에요.

여2 네, 지연 씨, 오랜만이에요. 잘 지냈어요?

여1 네. 그런데 요즘 많이 바쁘세요? 얼굴을 자주 못 보네요.

여2 아니에요. 안 바빠요. 지난주에 남편이 휴가라서 같이 여행을 갔어요. 그리고 어젯밤에 돌아왔어요.

여1 아, 그랬군요. 여행은 어땠어요? 재미있었어요?

여2 재미없었어요.

여1 왜요?

여2 남편이 계속 호텔에서 쉬고 싶어 해서 구경을 많이 못 했어요.

여1 아, 그랬어요?

여2 네. 남편은 사람도 없고 조용한 곳을 좋아하지만 저는 사람도 많고 구경거리도 많은 곳을 좋아해요. 그래서 우리는 결혼하고 신혼여행 가서도 싸웠어요.

여1 신혼여행 가서도 싸웠어요? 왜요?

여2 저는 뉴욕으로 신혼여행을 가고 싶었지만 남편이 안 좋아해서 조용한 바닷가로 갔어요. 그래서 제가 기분이 안 좋아서 남편하고 싸웠어요.

16과

듣기 1

track 79 p.185

1) **남** 마리코 씨, 어제 뭐 했어요?

여 지연 씨 집에 갔어요. 지연 씨하고 같이 식사하면서 이야기했어요. 음식도 맛있고 아주 즐거웠어요.

2) **여** 아키라 씨, 어제 파티에 왜 안 왔어요?

남 일이 너무 많아서 갈 수가 없었어요. 너무 바빠서 식당에도 못 가고, 빵 먹으면서 일했어요.

3) **남** 나나 씨, 어제 시험 끝나고 뭐 했어요?

여 친구들하고 노래방에 갔어요. 노래하면서 춤도 췄어요. 정말 재미있었어요.

4) **남1** 샤오밍 씨도 어제 노래방에 같이 갔어요?

남2 아니요, 저는 피곤해서 일찍 집에 갔어요. 집에서 음악 들으면서 쉬었어요.

5) **남** 유진 씨는 어제 뭘 했어요?

여 스티븐하고 같이 영화 보러 극장에 갔어요.

남 영화가 어땠어요?

여 너무 슬퍼서 영화 보면서 많이 울었어요.

듣기 2

track 80 p.186

남 켈리 씨, 주말에 뭐 해요? 같이 영화 보러 갈까요?

여 미안해요, 줄리앙 씨. 이번 토요일에 이사를 해야 돼요.

남 이사요? 왜요?

여 지금 사는 집이 학교에서 좀 멀어서요.

남 어디로 이사를 해요?

여 학교 앞으로요.

남 누가 도와줘요? 친구들한테 이야기했어요?

여 아니요. 물건이 안 많아서 혼자 하려고 해요.

남 그럼 내가 도와줄까요?

여 정말요? 정말 도와줄 수 있어요?

남 그럼요. 토요일에 몇 시까지 갈까요?

여 그럼 아침 열 시까지 집으로 좀 와 주세요.

남 네, 열 시까지 갈게요.

여 줄리앙 씨, 정말 고마워요. 이사 끝나고 같이 식사해요. 제가 살게요.

남 좋아요.

모범 답안 Answer Key

9과

듣고 말하기 p.36, 37

1. 1) ⑤ 2) ① 3) ② 4) ③ 5) ④
2. 1) ③ 2) ①, ③

읽고 쓰기 p.38

1) ② 2) ①, ②

10과

듣고 말하기 p.56, 57

1. 1) ③ 2) ④ 3) ⑥ 4) ① 5) ② 6) ⑤
2. 1) ③ 2) ③

읽고 쓰기 p.59

1) ② 2) ①

11과

듣고 말하기 p.76, 77

1. 1) ①, ② 2) ①, ⑧ 3) ⑤, ⑦
   4) ⑨, ⑩ 5) ③, ④
2. 1) ①, ② 2) ③

읽고 쓰기 p.78

1) ① – ⓑ ② – ⓓ ③ – ⓒ ④ – ⓐ
2) ③, ④

12과

듣고 말하기 p.98, 99

1. 1) 010–6829–1410 2) 880–5114
   3) 712–3941 4) 81–6–245–0323
2. 1) ② 2) ③

읽고 쓰기 p.100

1) ③ 2) ①

13과

듣고 말하기 p.119, 120

1. 1) ③, ⓔ 2) ④, ⓒ 3) ②, ⓐ
   4) ⑥, ⓑ 5) ⑤, ⓓ
2. 1) ② 2) ①

읽고 쓰기 p.121

1) ②, ③ 2) ②

14과

듣고 말하기 p.142, 143

1. 1) 2월 14일 – 여자 친구 – 남자 친구 – 초콜릿
   3월 14일 – 남자 친구 – 여자 친구 – 사탕
   2) ②
2. 1) ② 2) ②, ④, ⑥, ⑨

읽고 쓰기 p.144

1) ① – ⓒ ② – ⓑ ③ – ⓐ
2) ②

15과

듣고 말하기 p.163, 164

1. 1) ④ 2) ① 3) ② 4) ③ 5) ⑥
2. 1) ② 2) ③

읽고 쓰기 p.165

1) ①, ② 2) ② 3) ①

16과

듣고 말하기 p.185, 186

1. 1) ③ 2) ① 3) ② 4) ⑤ 5) ④
2. 1) ② 2) ②

읽고 쓰기 p.187

1) ② 2) ② 3) ③

어휘 색인 Glossary

ㄱ

가슴	chest	68
가위바위보	rock-paper-scissors	115
가족	family	26
가족사진	family photo	37
가지다	to take	144
갈아타다	to transfer	110
감기에 걸리다	to get a cold	71
강남	a district in Seoul	55
강아지	puppy	36
같은 과	same department	30
걱정	worry	78
걸리다	to take (time)	112
결혼하다	to marry	74
경주	a city in Korea	117
경치가 아름답다	to have the scenary beautiful	154
계시다	to be / to exist (honorific expression)	27
계획하다	to plan	176
고속버스 터미널	Express Bus Terminal	110
곧	soon	183
곳	place	164
공	Zero	88
괜찮다	to be okay	75
구경거리가 많다	to have many sightseeing attrations	154
구급차	ambulance	121
구두	shoes	132
귀	ear	68
귀걸이	earring	144
귀엽다	to be cute	133
그러면	in that case	125
그럼요	sure	96
그렇습니다	that's right	90
그렇지만	but	62
그리다	to draw / to paint	53
기쁘다	to be happy	144
기차	train	110
기차역	train station	110
기침(을) 하다	to cough	68
길다	to be long	133
김포공항	Gimpo Airport	117
깎다	to discount	125
끄다	to shut off	78

ㄴ

나	or	125
나쁘다	to be bad	69
나이	age	27
날	day	157
남동생	younger brother	26
남이섬	an island in Chuncheon	165
남편	husband	26
낮	daytime	48
낮다	to be low	133
내년	next year	74
내다	to submit	75
내리다	to get off	110
너무	too	75
놀다	to play	134
놀라다	to be surprised	147
놀이	recreation	189
높다	to be high	133
누나	older sister for male	26
눈	eye	84
늦게	late	176
늦다	to be late	70
늦잠	oversleeping / late rising	95

ㄷ

다	all	100
다니다	to attend on a regular basis / to work for	33
다른	another	96

다른 나라	different country	41
다리	leg	68
다음 날	next day	121
다행이다	to be fortunate / that's good	75
단순하다	to be simple	140
닫다	to close	115
닭갈비	spicy chicken stir-fry	161
담배를 피우다	to smoke a cigarette	70
답장	reply	187
대학교	university	34
댁	home / house (honorific expression)	27
데이트하다	to have a date	55
도둑이 들다	a bulglar breaks in	103
도시	city	139
도착하다	to arrive	154
돈을 바꾸다	to exchange money	154
돈을 찾다	to withdraw	181
돌아오다	to come back	154
돕다	to help	115
동아리	club	30
되다	to become	41
두껍다	to be thick	133
드리다	to give (humble expression)	138
드시다	to eat / to drink (honorific expression)	27
들어오다	to come in	183
따뜻한 물	warm water	72
딸	daughter	26
떠나다	to leave	157
똑똑하다	to be smart	133

ㄹ

리포트	report	75

ㅁ

마사지하다	to massage	81
마음	heart	136
마흔	forty	27
막걸리	raw rice wine	139
막국수	buckwheat noodles	165
많이	a lot	176
말	horse	161
말(을) 하다	to speak	71
맛없다	to taste bad	94
맛있는 음식이 많다	to have many delicious food	154
머리	head	68
먹다 / 마시다	to eat / to drink	27
먼저	first	147
멀다	to be far	112
멋있다	to be stylish	33, 133
모르겠어요	I don't know	146
모임	gathering	177
모자	hat	132
목	neck	68
목도리	muffler	144
목욕하다	to take a bath	71
목이 아프다	to have a sore throat	68
몰라서	because I don't know	102
몰라요	do not know	187
몸	body	68
몸살	aches and pains dut to the flu	81
몽골	Mongolia	113
무릎	knee	68
무리하다	to overdo	75
무섭다	to be scary	135
무즙	radish juice	81
문자를 받다	to receive a text message	88
문자를 보내다	to send a text message	88
물건값이 싸다	to have price of items be cheap	154
물어보다	to ask	147
뭘요	not really	30
뭘요	no problem	92
미니스커트	miniskirt	136
미술관	art museum	164
미인	beautiful woman	34

ㅂ

바쁘다	to be busy	69
바지	pants	132
박물관	museum	55
반	half	49
반지	ring	155
발	foot	68
발음	pronunciation	78
밤	night	48
방학	school break	54
배	stomach	68
배	boat / ship	110
배고프다	to be hungry	69
백	hundred	27
버스	bus	110
버스 정류장	bus stop	110
버스를 기다리다	to wait for a bus	48
버스를 타다	to take a bus	48
별일	something special	179
보내다	to send	138
보이다	to be seen	165
부모님	parents	34
부자	the rich	190
분	person (honorific expression)	27
분	minute(s) / unit noun for minutes	49
불이 나다	a fire breaks out	103
불편하다	to be uncomfortable	133
붙이다	to put on	81
비싸다	to be expensive	133
비행기	airplane	110
비행기 표를 예매하다	to reserve a flight ticket	154
빨래하다	to do the laundry	48
빨리	quickly / fast	176

ㅅ

사 가다	to buy and bring	179
사고가 나다	an accident occurs	103
사람 / 명	person / unit noun for people	27
사람도 없고 조용하다	to be uncrowded and quiet	154
사무실	office	92
사용하다	to use	125
사장님	president of a company	33
사탕	candy	142
살	unit noun for age	27
살다	to live	134
삼악산	a mountain in Chuncheon	165
새	new	147
새벽	dawn / very early A.M. hours	48
생신	birthday (honorific expression)	75
샤워하다	to take a shower	48
서른	thirty	27
서울역	Seoul Station	117
선물하다	to give a present	138, 176
섬	island	165
성함	name (honorific expression)	27
세계	world	189
세수하다	to wash one's face	48
세우다	to stop	117
세제	laundry detergent	190
셔츠	shirt	132
소금물	salt water	81
손	hand	68
손님	guest	74
수료식	completion ceremony	143
수업(을) 하다	to take a class	51
수학	mathematics	29
술	alcoholic drink	71
쉰	fifty	27
스물	twenty	27
스타일	style	140
슬프다	to be sad	135
시	o'clock / unit noun for hours	49
시간	hour	112
시간을 보내다	to spend time	187
시험을 보다	to take a test	51
식사하다	to have a meal	176

신다	to wear (foot wear)	132
신문사	newspaper publishing company	34
신호등	traffic light	117
신혼여행	honeymoon	164
실례지만 누구세요?	Excuse me, but who's calling, please?	88
싸다	to be cheap	133
싸우다	to fight	78
쓰다	to write	69
쓰다	to wear (hat / glasses)	132
씻다	to wash	72

ㅇ

아기	baby	41
아까	a while ago	96
아내	wife	26
아니에요	no, it's not	183
아들	son	26
아버지	father	26
아직	yet	117
아침	morning / breakfast	48, 49
아흔	ninety	27
안동	a city in Korea	157
안에	within	125
알겠다	to get it	70
알람	alarm	78
알아보다	to look into	113
야구 경기	baseball game	161
야구장	baseball stadium	161
약	medication	71
얇다	to be thin	133
양복	suit	132
어깨	shoulder	68
어떤	what / which	135
어머니	mother	26
언니	older sister for female	26
얼굴	face	68
얼마 전	not long ago	121
얼마나	how (long / much / many)	112
얼음물	ice water	72
여권을 만들다	to make a passport	154
여동생	younger sister	26
여든	eighty	27
여보세요	Hello	88
여의도	an island in Seoul	55
여행사	travel agency	96
여행하다	to travel	154
역사	history	31
연락하다	to contact	176
연세	age (honorific expression)	27
연습	practice	55
열	ten	27
열다	to open	134
열심히	hard	176
열이 나다[있다]	to have a fever	68
예쁘다	to be pretty	69, 133
예순	sixty	27
오래	for a long time	71
오랜만이에요	It's been a long time	92
오빠	older brother for female	26
오전	A.M., mid-morning before noon	48
오토바이	motorcycle	110
오후	P.M., afternoon before dinner	48
올라가다	to go up	165
왜	why	95
요금	fare	125
요리하다	to cook	48
용인	a city in Korea	169
우리	my	32
운동화	sneakers	132
운전	driving	29
운전하다	to drive	48
울다	to cry	115
웃다	to laugh	38
원피스	one-piece dress	132
유행이다	to be prevalent / to be spread	71

유행이다	to be in fashion	135
음료수	beverage	178
이따	later	96
이렇게	this way / like this	79
이름	name	27
이메일	e-mail	59
이메일 주소	e-mail address	187
이번	this time	54
이분	this (honorific expression)	32
이사(를) 하다	to move (one's residence)	179
이쪽	this	30
인사하다	to greet	30
인천	a city in Korea	55
인천항 터미널	Incheon port terminal	117
일	matter	92
일어나다	to get up	48
일찍	early	176
일흔	seventy	27
입	mouth	68
입다	to wear (clothes)	132
있다	to be / to exist	27

ㅈ

자다	to sleep	27
자전거	bicycle	110
작다	to be small	133
잘	well	176
장소	location	102
저녁	evening / dinner	48, 49
전에	in the past	33
전주	a city in Korea	59
전통	tradition	59
전화(를) 하다	to phone	88
전화하다	to call	48
전화를 받다	to answer the phone	88
전화번호	phone number	88
점수	point	177
정문	main gate	119
조금	a little	176
조금 전	a little while ago	95
조금 후	after a short while	54
주말 잘 보내다	to have a good weekend	55
주무시다	to sleep (honorific expression)	27
준비하다	to prepare	176
중학교	middle school	34
즐겁다	to be enjoyable	159
지하철	subway	110
지하철역	subway station	110
질문	question	168
집	home / house	27
짧다	to be short	133
쭉	straight	116
쯤	about	49
찜닭	steamed chicken	157

ㅊ

참	by the way	187
천천히	slowly	176
청바지	blue jeans	136
청소하다	to clean	48
체격이 좋다	well built	136
초대하다	to invite	176
축하	celebration	147
축하하다	to congratulate / to celebrate	176
춘천	a city in Korea	161
출발하다	to depart	154
출입국관리사무소	immigration office	62
춤(을) 추다	to dance	182
취미	hobby	40
치마 / 스커트	skirt	132
친절하다	to be kind	33, 133
칠판	blackboard	115

ㅋ

컴퓨터를 하다	to use a computer	48
코	nose	68
코트	coat	132
콧물이 나다	to have a runny nose	68
크다	to be big	133
키	height	136

ㅌ

타다	to ride	110
태어나다	to be born	41
택시	taxi	110
티셔츠	T-shirt	140

ㅍ

파	green onion	81
팔	arm	68
팝콘	popcorn	182
편리하다	to be convenient	125
편지	letter	69
편하다	to be comfortable	133
평창	a city in Korea	157
푹 쉬다	to rest deeply	71
프러포즈	propose	155
피시방	Internet Café	78

ㅎ

하다	to wear	144
한국말	Korean language	117
한번	a try	139
한복	Korean traditional dress	139
한테서	from someone	30
할머니	grandmother	26
할아버지	grandfather	26
해운대	a beach in Busan	157
허리	waist	68
헹구다	to gargle	81
형	older brother for male	26
호선	subway line	119
호텔을 예약하다	to reserve a hotel	154
회의하다	to hold a (formal) meeting	48
휴가	vacation	161
휴대폰 번호	cellphone number	88
휴일	holiday	180

집필 Authors

최은규 Choi Eunkyu

서울대학교 국어국문학과 박사

Seoul National University, Ph.D. in Korean Language and Literature

서울대학교 언어교육원 한국어교육센터 대우부교수

Seoul National University, LEI Associate Professor

진문이 Jin Moon-e

이화여자대학교 국어국문학과 박사 과정 수료

Ewha Womans University, Ph.D. Candidate in Korean Language and Literature

서울대학교 언어교육원 한국어교육센터 대우전임강사

Seoul National University, LEI Full-time Instructor

송지현 Song Gihyun

이화여자대학교 한국학과(한국어 교육 전공) 석사

Ewha Womans University, M.A. in Korean Studies(Teaching Korean as a Foreign Language)

서울대학교 언어교육원 한국어교육센터 대우전임강사

Seoul National University, LEI Full-time Instructor

오은영 Oh Eunyoung

서울대학교 교육학과 박사

Seoul National University, Ph.D. in Education

전 서울대학교 언어교육원 한국어교육센터 대우전임강사

Seoul National University, former LEI Full-time Instructor

번역 Translator

이소영 Lee Soyoung

이화여자대학교 교육공학과 박사

Ewha Womans University, Ph.D. in the Department of Educational Technology

서울대학교 언어교육원 한국어교육센터 대우전임강사

Seoul National University, LEI Full-time Instructor

번역 감수 Translation Editor

로버트 카루바 Robert Carrubba

서강대학교 국어국문학과 석사

Sogang University, M.A. in Korean Language and Literature

한국어 교육자 및 번역가

Korean Language Educator and Translator